Vivre la mer

LA PIRATERIE

Alain Lozac'h
Nicolas Delort
Pierre-Emmanuel Dequest

Préface
de Patrick
Poivre d'Arvor

Une collection dirigée par l'amiral Jean-Louis Battet

Gulf Stream Éditeur

REMERCIEMENTS

L'auteur adresse ses remerciements tout particuliers à l'**amiral Battet** pour ses précieux conseils et à **Patrick Poivre d'Arvor** pour sa relecture amicale. Il dédie ce livre à son épouse pour son indéfectible soutien lors de l'écriture de ses ouvrages.

Sommaire

ISBN : 978-2-354880-79-8
Loi 49-956 du 16 juillet 1949 sur les publications destinées à la jeunesse

CHAPITRE 2

L'ÂGE D'OR DE LA PIRATERIE

CHAPITRE 3

LA PIRATERIE MODERNE

ZOOM SUR...

PRÉFACE DE PATRICK POIVRE D'ARVOR

Rêver. Rêver d'un impossible ailleurs, disait Don Quichotte de la Manche... Rêver grâce aux pirates. Quel petit garçon, quelle petite fille ne l'a pas fait ? Eux rêvaient surtout d'or. Or philosophal, or des doublons espagnols, or enterré ou or jeté par la fenêtre par de dispendieux flibustiers. Magie de ce métal précieux, mais aussi sentiment du bien-fondé de la redistribution des richesses : des individus s'attaquent à de grosses multinationales, à des pavillons nationaux, à des marines puissantes, militaires, marchandes, à des intérêts financiers, économiques. Les pirates ramassent les miettes d'un monde égoïste, qui se développe à partir du XVIe siècle grâce à la découverte de l'or et des épices, s'enrichit sur le dos des possessions et autres colonies. La thématique est belle en ce qu'elle est universelle, populaire. Ces écumeurs inventent, dans un monde inégalitaire, une autre justice, ils sont des redresseurs de torts, ils questionnent la société, le droit, remettent en question les équilibres, les partages, les héritages. Ils sont les clandestins de l'histoire, radios, fréquences, enregistrements, tous pirates... Ils s'approprient abusivement le bien d'autrui, reproduisent illégalement parce qu'ils ne croient pas en la propriété. Et, très vite, ils finiront par dévoyer leur but premier. Avec eux, enfin, la famille n'existe pas ou plus, ce qui, pour les enfants, est toujours désirable à un moment donné de leur émancipation : la finitude des pirates est telle qu'on ne leur connaît souvent ni père, ni mère, ni enfants. Pas d'ascendance, pas de descendance, pas de passé, point de lendemain, pas d'héritage, pas de testament, pas de transmission, pas de propriété, là encore, du présent tout juste, à vivre éternellement, violemment, vite.

Grâce à ce livre, entrez dans le monde interlope et fascinant de la piraterie maritime.

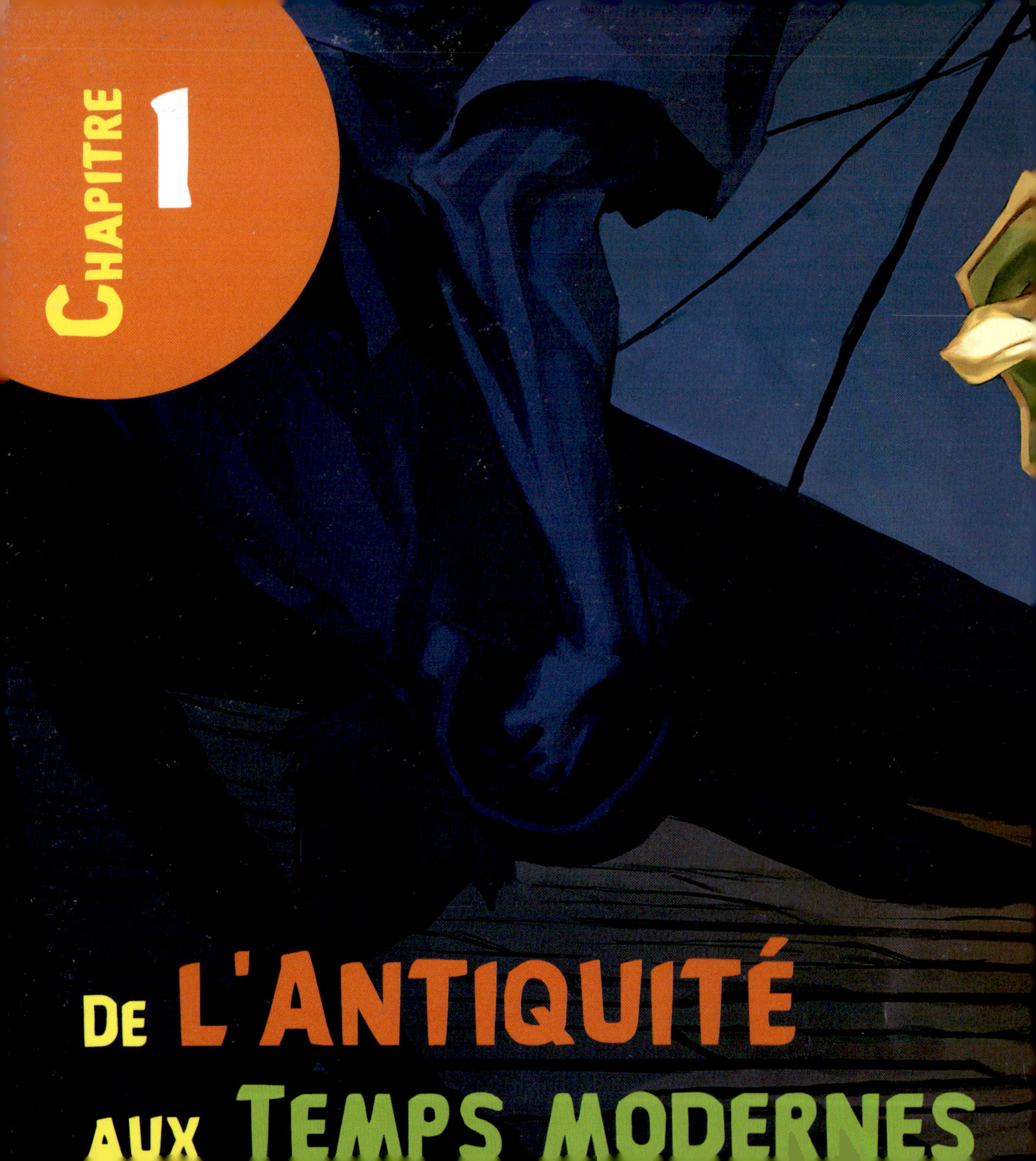

Chapitre 1

De l'Antiquité aux Temps modernes

LES CIVILISATIONS

Les premières attaques de pirates remonteraient au VIIe siècle avant Jésus-Christ. C'est pourquoi on retrouve ces personnages fascinants et effrayants dans la plupart des mythologies qui nous sont parvenues.

Jules César

JULES CÉSAR FUT LUI AUSSI VICTIME DE PIRATES EN MER ÉGÉE. VERS 75, ALORS QU'IL NAVIGUE AUX ABORDS DE L'ÎLE DE PHARMACUSE (PRÈS DE LA TURQUIE ACTUELLE), SON NAVIRE EST ATTAQUÉ. SES RAVISSEURS COMPRENNENT VITE L'IMPORTANCE DU PERSONNAGE ET EXIGENT UNE GROSSE RANÇON. UNE FOIS CELLE-CI RASSEMBLÉE PAR SES AMIS ET REMISE AUX PIRATES, CÉSAR EST LIBÉRÉ APRÈS UNE QUARANTAINE DE JOURS DE DÉTENTION. DÉSIREUX DE SE VENGER, IL LANCE PLUSIEURS NAVIRES ROMAINS À LA RECHERCHE DE CES PIRATES. IL FINIT PAR LES TROUVER, LES ATTAQUE ET LES EXTERMINE UN À UN.

Attaque d'un navire phénicien

Les premiers pirates

Dans l'Antiquité, les navires de commerce se rendant en Égypte, en Crète, en Italie ou en Grèce longent les côtes, faute de disposer de cartes et d'instruments de navigation. Les pirates, qui utilisent des galères à faible tirant d'eau, faciles à manœuvrer, peuvent alors facilement les attendre à l'abri d'une pointe ou dans une crique. Ainsi, au VIIe siècle av. J.-C., les Phéniciens, installés dans l'actuel Liban, sont une cible privilégiée des pirates grecs. Commerçant à partir du port de Tyr avec d'autres cités méditerranéennes, leurs navires transportent de l'étain, de l'argent et des tissus, et sont donc très convoités. Las des attaques répétées, les Phéniciens finissent par mettre sur pied une flotte de guerre pour protéger leurs convois. Plus tard, vers 330 av. J.-C., l'empereur grec Alexandre le Grand entreprend de nettoyer la Méditerranée des pirates qui perturbent le trafic maritime.

ANCIENNES

La mythologie grecque

La mythologie grecque est peuplée de pirates. Parmi les plus célèbres, Ulysse lui-même, qui se présente comme tel lorsqu'il regagne Ithaque après des années d'absence. Il connaît bien les pirates pour en avoir rencontré plusieurs lors de ses pérégrinations et peut ainsi évoquer avec justesse « les rames, les vaisseaux, les flèches, les javelots polis » qui sont leurs attributs. Il clame : « Tous les outils de mort qui font trembler les autres étaient ma joie ; les dieux m'en emplissaient le cœur. »

Dionysos lui aussi est la proie de pirates qui espèrent obtenir de sa capture une grosse rançon… ils s'en mordent bien vite les doigts : métamorphosé en lion, le puissant dieu du vin les transforme tous en dauphins !

Alvilda la Terrible

Autre lieu, autre légende : en Scandinavie, sur l'île de Gotland, vers l'an 1000, Alvilda, la fille du roi, est enfermée et protégée par deux serpents de ses multiples prétendants. L'un d'eux, Alf, se montre particulièrement insistant. Pour échapper à ce mariage qu'elle refuse, Alvilda prend la mer à la tête d'un équipage uniquement composé de femmes. Semant la terreur sur la mer Baltique, elle rencontre des pirates sans capitaine qui la désignent aussitôt comme leur chef, et poursuit ses exactions avec son nouvel équipage. Envoyé pour rétablir le calme sur la mer Baltique, Alf mène une rude bataille contre ces impitoyables pirates, pour découvrir avec stupeur que leur chef n'est autre que sa bien-aimée ! Victorieux, il finit par épouser Alvilda qui devient ainsi reine du Danemark.

POMPÉE

EN 67 AV. J.-C., ALORS QUE L'APPROVISIONNEMENT EN BLÉ DE ROME EST INTERROMPU DU FAIT DES ATTAQUES INCESSANTES DES PIRATES, UNE FLOTTE DE GUERRE EST ENVOYÉE POUR REMÉDIER À LA SITUATION. À SA TÊTE, POMPÉE, QUI RÉUSSIT À ENCERCLER LES PIRATES ET À LES VAINCRE. CEUX QUI PARVIENNENT À REGAGNER LA TERRE SONT ÉCRASÉS EN CILICIE PAR LES TROUPES ROMAINES. LE FILS DE POMPÉE, SEXTUS POMPEIUS, DEVIENT PIRATE À SON TOUR QUELQUES ANNÉES PLUS TARD POUR COMBATTRE SON ADVERSAIRE POLITIQUE, OCTAVIEN. DEPUIS LES CÔTES DE LA SICILE, IL MÈNE DES RAIDS CONTRE ROME, MAIS FINIT PAR ÊTRE VAINCU PAR LA FLOTTE D'OCTAVIEN.

À la Renaissance, le trafic maritime prend une nouvelle ampleur dans le bassin méditerranéen. Des cités comme Venise ou Gênes contrôlent les échanges. Le trafic de métaux précieux, d'étoffes, de soie, d'épices, rapporte beaucoup d'argent. Les armateurs doivent faire face à de nouveaux pirates : les Barbaresques.

Barberousse

Installés principalement sur les côtes d'Afrique du Nord, les Barbaresques attaquent les navires marchands avec des galères manœuvrées par des esclaves, voire des marins capturés sur des navires génois ou vénitiens. L'attaque est frontale, il s'agit d'éperonner le navire ennemi et de le forcer à se rendre. Aruj et Kheir ed-Din, deux de ces pirates, dotés d'une remarquable barbe rousse, font particulièrement parler d'eux. Régnant en maîtres sur Alger et le Maghreb, ils sèment la terreur sur la mer pendant des décennies, attaquant sans relâche les navires marchands italiens et espagnols. Révoltés, les Algériens demandent à l'empereur Charles Quint de les débarrasser de ces imposteurs. L'opération, menée avec des milliers de soldats, est un succès. Aruj est tué en 1518, mais son frère cadet prend le relais. La piraterie barbaresque devient un enjeu entre les grandes puissances. François Ier s'allie avec Kheir ed-Din pour nuire à son ennemi Charles Quint. Barberousse tient alors tête aux Espagnols qui envoient leurs meilleurs officiers pour essayer de lutter contre la piraterie. Sans grand succès ! Kheir ed-Din dispose d'une centaine de navires dont 60 galères. Il meurt à Constantinople en 1546 à un âge avancé.

Aruj

Kheir ed-Din

LES BARBARESQUES

Les pirates de Salé

Des chefs barbaresques s'installent vers la fin du XVIe siècle sur la côte atlantique du Maroc, à Salé, un port près de Tanger et du détroit de Gibraltar. On ne peut rêver endroit plus stratégique pour contrôler ou contrarier le trafic maritime. D'autant qu'à partir du milieu du XVIe siècle, des navires anglais et français venant de Liverpool, Bristol, Nantes ou Bordeaux font route vers le golfe de Guinée pour la traite négrière. Ces pirates sont souvent des renégats, des capitaines hollandais, anglais, portugais ou espagnols qui se sont mis au service des armateurs de Salé et du sultan. Cette piraterie sera active jusqu'à la fin du XVIIIe siècle. En 1763, des navires français commandés par La Motte-Picquet sont envoyés pour la combattre. Un traité de paix est signé en 1767 avec le sultan.

DJERBA, L'ÎLE AUX PIRATES

AU XVIE SIÈCLE, LES ESCLAVES CONSTITUENT UNE MONNAIE D'ÉCHANGE QUI RAPPORTE BEAUCOUP. LE PIRATE DRAGUT, QUI CHOISIT COMME REPAIRE L'ÎLE DE DJERBA EN TUNISIE, FAIT AINSI DES CENTAINES DE PRISONNIERS QU'IL ÉCHANGE OU REVEND. EN 1560, UNE EXPÉDITION NAVALE MENÉE PAR LES ESPAGNOLS, LES FRANÇAIS ET LES NAPOLITAINS A POUR OBJECTIF D'ASSAINIR DJERBA. ELLE ÉCHOUE FACE À DRAGUT QUI DÉCIME LA FLOTTE ENNEMIE ET TUE PAS MOINS DE 5 000 MARINS EN QUELQUES JOURS... AUJOURD'HUI, L'ÎLE ÉTANT DEVENUE UNE TERRE DE TOURISME, ON PROPOSE AUX OCCIDENTAUX DES BALADES DANS DES NAVIRES DE PIRATES, RÉPLIQUES DES BATEAUX DES BARBARESQUES...

Un Barbaresque et son navire

LA PIRATERIE

La découverte de l'Amérique par Christophe Colomb en 1492 donne naissance à de nouvelles routes maritimes de commerce dans l'océan Atlantique.

La découverte des richesses du Nouveau Monde

Avec la découverte de l'Amérique commence la colonisation du Mexique (1), du Pérou (2), du Chili (3) par les Espagnols et les Portugais. Des métaux précieux, de l'or pillés chez les Incas, des statues incrustées de pierres précieuses arrachées aux temples prennent la route de l'Espagne (4). Les populations locales sont massacrées et réduites à l'esclavage dans des mines, des champs de tabac ou de canne à sucre. Le retour en Europe de toutes ces marchandises attire des convoitises. Les navires lourds et lents sont interceptés dans l'océan Atlantique, aux Açores (5), aux Canaries (6), à Madère (7).

L'Espagne, principale victime des pirates

L'Espagne ayant pris possession avant les autres puissances européennes des richesses du Nouveau Continent, elle est la principale cible des pirates en mer ou sur terre. Déjà malmenée en Méditerranée par les Barbaresques, elle subit des attaques répétées pendant près de 200 ans. De la Floride aux ports de Panama, les Espagnols construisent des forts et des bastions. Mais leurs villes sont peu peuplées et faiblement défendues car ils n'ont pas favorisé une émigration massive de l'autre côté de l'Atlantique.

Les pirates français

Une partie du trafic rejoint Anvers (8) et Rotterdam (9) en transitant par la Manche, à quelques encablures des ports anglais et français. La tentation est bien trop grande… Les marins français se lancent donc dans la piraterie, encouragés par le pouvoir en place. Ainsi, François Ier soutient Jean Ango, marin dieppois qui fit fortune dans le commerce des épices en Afrique et en Inde. Muni de lettres de marque délivrées par le roi, il s'attaque aux navires espagnols qui veulent préserver leur monopole du commerce avec l'Afrique. Il se lance aussi dans des expéditions vers Terre-Neuve (10), le Canada (11), la Guinée (12) et le Brésil (13).

En 1534, François Ier le nomme gouverneur de Dieppe, alors un des principaux ports français. Jean Fleury, second de Jean Ango, intercepte en 1522 trois caravelles transportant vers l'Espagne le trésor du dernier empereur aztèque destiné au roi Charles Quint. Une véritable fortune qui est aussitôt rapportée en Normandie.

Trésor Inca

ATLANTIQUE

Les « chiens de mer » d'Élisabeth Ière

L'Angleterre n'est pas en reste. Élisabeth Ière, devenue reine protestante en 1558, encourage plusieurs capitaines des ports du Devon et de Cornouailles (14) (à la pointe ouest de l'Angleterre) à attaquer les navires espagnols. Elle s'appuie sur une tradition de contrebande et de piraterie qui préexiste dans la partie ouest du pays. Les Anglais s'installent dans la piraterie notamment grâce à Francis Drake. La reine fait des pirates ses alliés dans son combat contre les catholiques.

FRANCIS DRAKE (1542-1596) ENGAGÉ SUR UN NAVIRE À 12 ANS, CAPITAINE À 20 ANS, FRANCIS DRAKE NAVIGUE JUSQU'AUX CÔTES AFRICAINES POUR Y ACHETER DES ESCLAVES ET LES ACHEMINER DANS LES COLONIES DES ANTILLES. AVEC LE SOUTIEN DE LA REINE, IL PART EXPLORER LE PACIFIQUE ENTRE 1577 ET 1580, ET MÈNE DES RAIDS CONTRE LES ESPAGNOLS. ANOBLI PAR ÉLISABETH IÈRE, IL POURSUIT SA CARRIÈRE DE CORSAIRE DANS L'ATLANTIQUE, ATTAQUE CARTHAGÈNE, SAINT-DOMINGUE ET S'EMPARE DE L'OR DES INDES ESPAGNOLES À CADIX. IL PARTICIPE À LA BATAILLE CONTRE L'INVINCIBLE ARMADA, PUIS REPART DANS LES CARAÏBES OÙ IL MEURT DE DYSENTERIE (VIOLENTES DIARRHÉES) EN 1596.

Attaque de Cadix

LA FLIBUSTE

Aux XVIe et XVIIe siècles, des pirates prennent position sur les îles des Caraïbes (Guadeloupe, Jamaïque, île de la Tortue) pour attaquer les navires et piller les colonies espagnoles : ce sont les flibustiers.

Les Frères de la côte

Français, anglais ou hollandais, les flibustiers s'entendent avec les populations locales avec lesquelles ils échangent des objets courants apportés d'Europe contre des vivres, comme cela se pratique en Afrique pour le commerce des esclaves. Ils sont constitués de boucaniers, de corsaires, de pirates ou d'anciens travailleurs des colonies, las de cultiver pour peu d'argent un lopin de terre loué par un maître sans scrupules. Sur ces îles se retrouve donc une population pour le moins hétéroclite, unie par une forme de solidarité qui va au-delà des langues ou de la couleur de la peau. Elle forme une communauté régie par quelques règles simples pour le partage des butins, l'aide aux blessés et aux amputés, les sanctions pour des délits commis à l'encontre des autres flibustiers, etc. On appelle ces hommes les « Frères de la côte », exprimant ainsi l'idée d'un groupe soudé.

Les boucaniers

À l'origine, les boucaniers sont des émigrés installés au XVIe siècle sur l'île d'Hispaniola (aujourd'hui Saint-Domingue et Haïti). Ils y chassent des bovins et des porcs dont ils font fumer la viande (appelée boucan) afin de la conserver et de la revendre. Les Espagnols les privent de ce commerce et, progressivement, les boucaniers se mettent à attaquer leurs navires, comme de véritables pirates. À partir de leur île, ils mènent des raids contre les positions espagnoles, pillent, tuent, devenant ainsi des hors-la-loi.

Boucanier faisant fumer sa viande

DANS LES CARAÏBES

Les razzias dans les villes

Les Espagnols, principales victimes des pirates, décident de transporter les trésors d'Amérique par des convois de navires très protégés afin de mettre en échec les agressions. Les flibustiers s'attaquent alors aux villes espagnoles. Des expéditions sont menées avec des centaines d'hommes. À leur tête, un chef qui n'a pas froid aux yeux, comme le fameux Edward Mansfield, boucanier hollandais, qui s'attaqua avec 15 navires à Santo Spirito (à Cuba), ville qu'il mit à sac, emportant de l'or et des prisonniers, ou bien encore Henry Morgan.

HENRY MORGAN (1637-1688)

LE GALLOIS HENRY MORGAN, DEVENU « L'AMIRAL » DES FLIBUSTIERS, N'HÉSITE PAS À S'ATTAQUER À PANAMA, SUR LA CÔTE DU PACIFIQUE. LA TROUPE FLIBUSTIÈRE COMPOSÉE DE 2 000 HOMMES, DONT UN TIERS DE FRANÇAIS, TRAVERSE L'ISTHME AVANT D'ATTEINDRE LES ABORDS DE LA VILLE. MAIS LES ESPAGNOLS ONT PRIS SOIN DE FAIRE ÉVACUER L'OR SUR DES GALIONS. LA VILLE EST PRISE, MAIS LE BUTIN EST PLUS MAIGRE QUE PRÉVU : TOUT DE MÊME PRÈS DE 750 000 PIASTRES ! MORGAN PREND LA MER AVEC SON TRÉSOR ET, DIT-ON, VA LE CACHER SUR UNE ÎLE EN REJOIGNANT LA JAMAÏQUE.

L'ÎLE DE LA TORTUE DANS LA MYTHOLOGIE DES PIRATES, CETTE ÎLE APPARAÎT À DE NOMBREUSES REPRISES. A-T-ELLE VÉRITABLEMENT EXISTÉ ? LA LÉGENDE CORRESPOND-ELLE À LA RÉALITÉ ? À QUELQUES ENCABLURES AU NORD DE HAÏTI SE TROUVE UNE ÎLE DE 25 KM DE LONG, COMPORTANT UNE ANSE ABRITÉE PROPICE AU MOUILLAGE DES NAVIRES. ELLE DEVIENT VERS 1630 LA BASE DE DÉPART ET DE REPLI DE FLIBUSTIERS FRANÇAIS QUI ATTAQUENT LES COLONIES ESPAGNOLES. ILS SONT MENÉS PAR LEVASSEUR, UN INGÉNIEUR PROTESTANT. LES ESPAGNOLS PARVIENNENT EN 1638 À LES DÉLOGER DE L'ÎLE, MAIS CE SONT CETTE FOIS LES ANGLAIS QUI VIENNENT S'Y INSTALLER. LEVASSEUR LES CHASSE ET DEVIENT ALORS GOUVERNEUR DE L'ÎLE, AMASSANT UNE FORTUNE CONSIDÉRABLE EN METTANT EN PLACE UNE « RÉPUBLIQUE FLIBUSTIÈRE » AUTORITAIRE ET HOSTILE AUX CATHOLIQUES. IL MEURT EN 1653, ASSASSINÉ PAR DEUX DE SES LIEUTENANTS. IL FAUT ATTENDRE 1665 POUR QUE LA TORTUE SOIT ENFIN RATTACHÉE À LA FRANCE.

LA FLIBUSTE

Au XVIIe siècle, les plus fameux flibustiers des Caraïbes étaient des Français. Évoquons les aventures de quelques-uns.

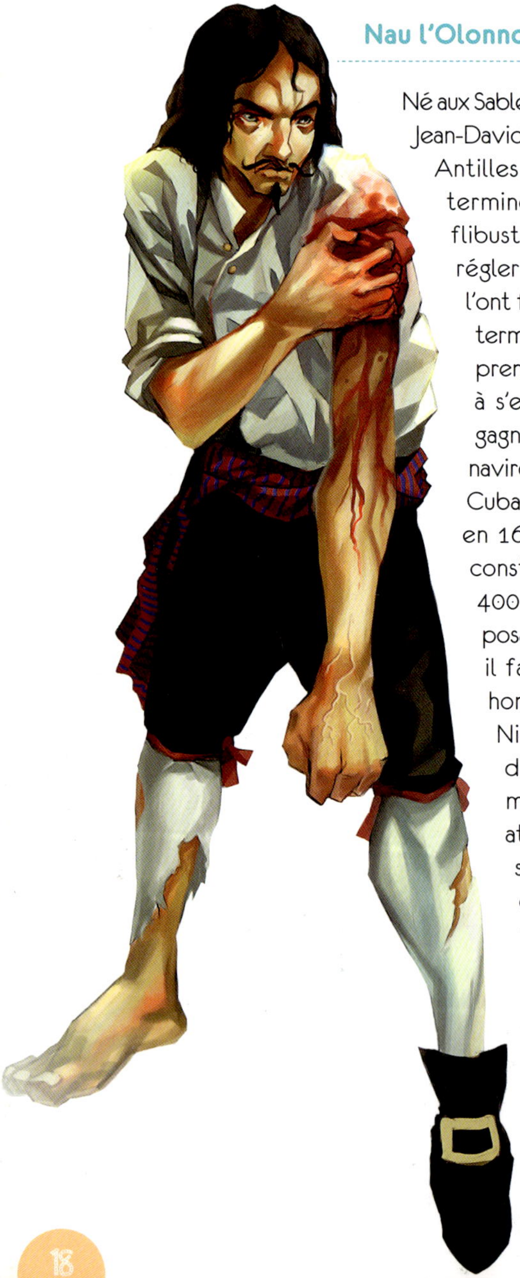

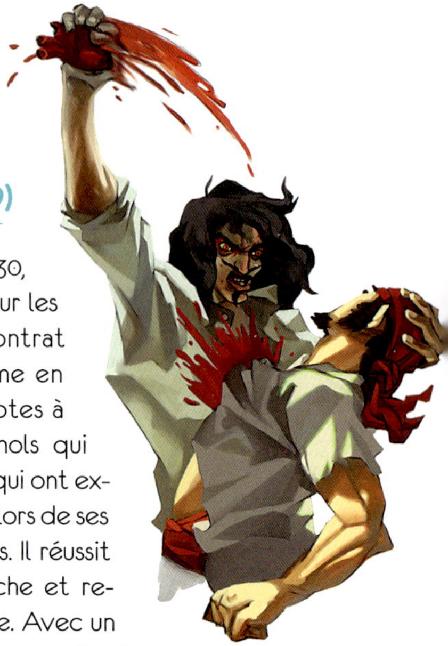

Nau l'Olonnois (1630-1669)

Né aux Sables d'Olonne en 1630, Jean-David Nau s'engage pour les Antilles à 20 ans. Son contrat terminé, il se transforme en flibustier. Il a des comptes à régler avec les Espagnols qui l'ont fait prisonnier et qui ont exterminé son équipage lors de ses premières expéditions. Il réussit à s'enfuir de Campeche et regagne l'île de la Tortue. Avec un navire rapide, il s'attaque, près de Cuba, aux navires espagnols. Sa tête est mise à prix. Il s'allie en 1666 avec un flibustier français, Michel le Basque. Ils constituent à eux deux une flottille de sept bateaux et de 400 flibustiers. Maracaibo est attaquée, le butin est imposant : pas moins de 360 000 écus ! Mais l'argent dépensé, il faut reprendre la mer ! Nau, avec six navires et 600 hommes, décide de s'attaquer aux villes espagnoles du Nicaragua. Mais il se retrouve en fait au large des côtes du Honduras, bien moins riches. Les villages du bord de mer font les frais de la rage de Nau, de sa cruauté aussi : attaques sanglantes, massacres, incendies des habitations se succèdent. On raconte même qu'il aurait arraché le cœur encore palpitant d'un homme ! Les deux flibustiers français se séparent, Nau continue à écumer la mer dans le golfe du Honduras. Ses capacités de navigateur étaient-elles limitées ? Nau et ses fidèles échouent sur une île, près de l'île des Perles. Il leur faut un an pour reconstruire leur navire et reprendre la mer, pour connaître les mêmes déboires quelques mois plus tard. Cette fois, l'île est habitée par des anthropophages… ils ne feront qu'une bouchée de notre flibustier !

FRANÇAISE

Grammont (1650-1686)

Originaire de Gascogne, Grammont est issu d'une bonne famille. Lorsqu'il tue en duel un homme qui s'intéressait d'un peu trop près à sa sœur, on l'envoie prendre le large. Le voilà dans les Antilles, corsaire sur une frégate du roi. Il capture un navire hollandais qui lui permet de faire fortune. L'aubaine ! Il dépense tout cet argent dans la débauche, ce qui est peu admis dans la marine du roi. Grammont la quitte avec fracas, achète un navire et rejoint les flibustiers à la Tortue. Une nouvelle aventure commence ! Il s'allie avec Laurent De Graff, un Hollandais, et Nicolas Van Horn, un pirate originaire d'Ostende. Ils se lancent tous trois à l'assaut des positions espagnoles, comme Maracaibo en 1678, ville déjà pillée par Morgan et Nau l'Olonnois. Avec près de 1 200 hommes et 12 navires, Grammont pénètre en 1682 dans le port de Vera Cruz et prend facilement la ville. Une forte rançon est obtenue par la séquestration des notables de la ville dans la cathédrale entourée de barils de poudre prêts à exploser. Van Horn meurt après un duel provoqué au moment du partage du butin. Grammont et De Graff poursuivent leurs exactions vers Campeche en 1686. Destructions, pillages, viols se succèdent. Certaines villes sont attaquées tous les six mois. Grammont, de retour à La Tortue, accepte le poste de gouverneur d'une partie de l'île de Saint-Domingue. Il quitte le repaire des flibustiers avec trois navires en octobre 1686... mais on n'entend plus jamais parler de lui.

Cathédrale de Véra Cruz entourée de barils de poudre

Chapitre 2

L'ÂGE D'OR DE LA PIRATERIE

PLUTÔT

La confusion entre pirates et corsaires est fréquente. Les corsaires sont en quelque sorte des pirates au service de l'État ! Lors d'un conflit, ils viennent suppléer la marine de leur pays, agissant dans un cadre légal défini par les autorités. Une fois la guerre terminée, ils regagnent leur port d'attache pour y reprendre leurs activités habituelles : commerce, pêche, etc.

Être corsaire au XVIIIe siècle

En France, une ordonnance de Colbert (1681) définit les règles de la « course » (mot qui a donné celui de « corsaire »). Les corsaires peuvent ainsi armer un navire pour la course s'ils disposent d'une lettre de marque (une autorisation en bonne et due forme) délivrée par les autorités maritimes. Les prises doivent être rapportées au port le plus proche pour être, dans un premier temps, constatées afin de vérifier qu'il n'y a pas eu d'abus. Ensuite, le navire capturé et sa cargaison sont mis en vente par enchères publiques. Les marins prisonniers sont internés, parfois échangés, et libérés à la fin du conflit. Après la vente, une part de la recette est destinée à la caisse des invalides de la marine. Le reste est réparti entre l'armateur, le capitaine et l'équipage selon des règles définies à l'avance. Ce sont les armateurs, qui ont financé le navire corsaire, qui reçoivent la plus grande part. Beaucoup d'entre eux ont ainsi fait leur fortune grâce aux corsaires, c'est notamment le cas à Saint-Malo. Les corsaires étaient donc des gens fréquentables, parfois respectables.

Malouinière, maison de riche armateur de Saint-Malo

CORSAIRE…

JEAN BART Né à Dunkerque en 1650, Jean Bart devient d'abord mousse sur un navire de contrebande, puis matelot sur un navire hollandais qui participe au siège de Londres en 1667. Lorsque Louis XIV déclare la guerre à la Hollande en 1672, Jean Bart s'engage comme corsaire. C'est le début de ses exploits. Il prend plus d'une cinquantaine de navires en quatre ans. En 1677, à la tête d'une flottille de six vaisseaux, il s'empare en quelques jours d'une vingtaine de navires hollandais. Louis XIV signe en août 1678 un traité de paix : les corsaires doivent regagner leur port d'attache. Jean Bart est alors récompensé : il est nommé par le roi lieutenant de vaisseau en janvier 1679. Mais une nouvelle guerre, en 1686, le voit repartir à l'aventure. Capturé en 1689, il est emprisonné par les Anglais à Plymouth, mais réussit à s'échapper avec un autre corsaire, Forbin, et traverse la Manche pour atteindre la Bretagne. L'un de ses derniers exploits sera d'intercepter un convoi de 130 bateaux chargés de blé destiné aux Français et acheté par le roi, capturés par les Anglo-Hollandais. En 1702, Jean Bart meurt d'une pleurésie à Dunkerque. Cette ville a érigé une statue en 1845 afin de rendre hommage à ce héros.

RENÉ DUGUAY-TROUIN Né à Saint-Malo en 1673 dans une famille d'armateurs, René Duguay-Trouin embarque pour la première fois en 1689 sur une frégate corsaire appartenant à son père. Ayant acquis les rudiments de la navigation, il se voit ensuite confier le commandement de navires corsaires. En 1694, capturé, interné à Plymouth, Duguay-Trouin réussit à s'échapper grâce à la complicité d'une jeune Anglaise. Intégré dans la marine royale en 1697, il poursuit ses actions contre les ennemis de la France, au Spitzberg contre des baleiniers hollandais ou près du Portugal, exploits pour lesquels il est anobli par le roi. Son audace le conduit même à attaquer la colonie portugaise de Rio de Janeiro avec une petite escadre en 1711. Cette expédition, en partie financée par des armateurs malouins, est particulièrement lucrative. Par la suite, Duguay-Trouin lutte contre les pirates barbaresques en Méditerranée. Il meurt quelques années plus tard, en 1736, après avoir rédigé ses mémoires.

SURCOUF Un autre Malouin est entré dans la légende. Né en 1773, Robert Surcouf s'engage à 13 ans comme volontaire sur un bateau en partance pour Cadix. Trois ans plus tard, il fait cap vers l'Île de France (actuelle île Maurice) sur des navires qui effectuent le trafic des esclaves d'Afrique (Mozambique et Madagascar) vers les Antilles. Après la Révolution, la France est de nouveau en guerre contre les principaux pays européens. Le roi fait appel aux corsaires pour contrer la puissante marine anglaise. Robert Surcouf est de ceux-là ; dans l'océan Indien, il multiplie les prises de bateaux ennemis, parfois sans autorisation officielle, ce qui lui vaut quelques ennuis avec les autorités. Son plus grand exploit est de s'emparer en octobre 1800 du *Kent*, un puissant navire britannique, le rapport de forces étant de un à trois en défaveur du corsaire breton, à bord de *La Confiance*. Outre ses activités de capitaine, Surcouf est également un armateur, dont les navires corsaires mènent la vie dure aux Anglais jusqu'en 1815. Après une vie bien remplie, retiré à Saint-Servan, Surcouf décède en juillet 1827.

... OU PLUTÔT

Chat à neuf queues

Au XVIIIe siècle, la majeure partie de la population des pays européens vit dans la misère. C'est pour échapper à cette situation que beaucoup de jeunes hommes choisissent de devenir pirates. Objectif : gagner beaucoup d'argent en peu de temps.

De captif à pirate

CAPTURÉS PAR UN NAVIRE PIRATE, CERTAINS MARINS EXPÉRIMENTÉS N'HÉSITENT PAS TRÈS LONGTEMPS À REJOINDRE LES RANGS DES HORS-LA-LOI, TOUJOURS À LA RECHERCHE D'HOMMES D'ÉQUIPAGE. D'AUTRES RECHIGNENT À FRANCHIR LE PAS, SE GARDANT BIEN D'APPARAÎTRE COMME VOLONTAIRES. EN CAS DE RENCONTRE AVEC UN NAVIRE DE LA ROYAL NAVY, IL LEUR FAUDRAIT EN EFFET JUSTIFIER DEVANT UN TRIBUNAL D'UN ENRÔLEMENT FORCÉ !

Bouline (punition)

Des matelots hors-la-loi

Autre motif : échapper à la discipline de fer qui règne alors sur les navires et qui pousse à la mutinerie. Les équipages sont soumis à des capitaines, des officiers qui ne ménagent pas leurs hommes ; les punitions, les humiliations, les violences sont monnaie courante, parfois pour des futilités. Il suffit d'un homme plus courageux que les autres pour prendre la tête d'une mutinerie. Alors, il ne reste plus qu'une solution aux insurgés : se transformer en pirates. Le retour au port d'attache est en effet pour le moins risqué : les mutins risquent la peine de mort. L'équipage se rend maître d'un navire marchand, désigne parmi eux un nouveau capitaine, hisse le drapeau noir...

Pirate abandonné sur une île

PIRATE ?

LE CAPITAINE PIRATE

LES CAPITAINES DES NAVIRES PIRATES SONT ÉLUS PAR L'ÉQUIPAGE ; HOMMES SANS FOI NI LOI, ILS PEUVENT ÊTRE DESTITUÉS DU JOUR AU LENDEMAIN. IL LEUR FAUT EN PERMANENCE ASSURER LEUR AUTORITÉ PAR DES ACTES DE BRAVOURE ET SATISFAIRE LE BESOIN D'ARGENT DE LEURS HOMMES. ILS DOIVENT AUSSI SAVOIR NAVIGUER, LIRE UNE CARTE, DÉFINIR LA POSITION DU NAVIRE, ÉVITER LE NAUFRAGE, CE QUI N'EST PAS À LA PORTÉE D'UN SIMPLE MARIN...

Être pirate au XVIIIe siècle

Les pirates sont seuls maîtres à bord. Ils sillonnent les mers indépendamment des conflits entre États et se partagent équitablement le fruit de leurs prises. À la différence des anciens flibustiers, il s'agit pour l'essentiel de marins de commerce ou de la marine de guerre, voire d'anciens corsaires. Ils sont en général peu âgés, car les marines européennes recrutent d'abord de jeunes gens aptes à monter dans les gréements et à effectuer des manœuvres nécessitant une grande résistance physique. D'autre part, l'espérance de vie à cette époque est bien moins élevée que de nos jours. Parmi eux, on rencontre dans des proportions non négligeables des Noirs et des Créoles, esclaves libérés d'un navire pratiquant la traite négrière ou évadés de plantations dans les îles... Beaucoup d'Anglais également, la plupart venant de Londres ainsi que des ports de l'ouest du pays (Bristol, Falmouth, Plymouth, Liverpool...), d'Écosse (Glasgow), d'Irlande (Dublin, Cork) ou du Pays de Galles.

LE SCORBUT CETTE MALADIE DÉCIME LES ÉQUIPAGES DES MARINES ROYALES MAIS ÉGALEMENT LES PIRATES. ELLE EST DUE ESSENTIELLEMENT AU MANQUE D'EAU FRAÎCHE ET DE VITAMINE C (LÉGUMES, FRUITS) DANS LA NOURRITURE DES MATELOTS. ELLE SE MANIFESTE PAR DES SAIGNEMENTS, NOTAMMENT DANS LA BOUCHE, ET UN AFFAIBLISSEMENT PROGRESSIF DES INDIVIDUS JUSQU'À LA MORT.

SUR

En ce début du XVIIIe siècle, le Nouveau Monde est partagé entre les grandes puissances qui souhaitent tirer le maximum de profit de leurs colonies, notamment grâce au trafic d'esclaves africains. Les souverains d'Europe envoient alors dans les Caraïbes des flottes chargées d'éradiquer la piraterie, les armateurs se plaignant du coût élevé des assurances des navires soumis aux attaques pirates.

L'ARSENAL DES PIRATES

L'ARMEMENT DES PIRATES CORRESPOND À CELUI DES NAVIRES ATTAQUÉS : MOUSQUETS, PISTOLETS À UN COUP, SABRES, POIGNARDS, CANONS À BOULETS. ILS UTILISENT ÉGALEMENT DES GRAPPINS AFIN DE S'ARRIMER AUX BATEAUX ENNEMIS. POUR LE CÔTÉ EXOTIQUE, ON AJOUTERA UN PERROQUET, UN PEU BAVARD...

Brigantin

Galion

Frégate

Les navires pirates

Dans l'Atlantique et les Caraïbes, les navires des pirates ne diffèrent pas de ceux qu'ils attaquent. Ne disposant ni de chantiers navals ni de compétences en matière de construction, les pirates s'approprient des navires de commerce assemblés en Europe. Afin d'attaquer leurs adversaires par surprise, ils choisissent de préférence des navires faciles à manœuvrer, ayant un faible tirant d'eau, de façon à pouvoir les cacher dans des criques. On évoque des navires du type « brigantin » ou petite frégate, voire de gros navires de pêche comme ceux qui pratiquent la pêche à la morue.
Les pirates ne se contentent pas de piller les marchandises d'un navire capturé, ils s'intéressent également à tout ce qui peut leur servir : instruments de navigation, cartes, gréements, etc. Une fois entre leurs mains, tout ce qui alourdit un navire, ralentit sa course, est enlevé, comme le gaillard d'avant.

LES MERS

L'attaque en haute mer

Dès qu'un navire pointe à l'horizon, les pirates l'observent à la longue-vue, cherchant à déceler son type (navire de guerre ou navire marchand), sa nationalité et sa capacité de résistance à une attaque. Suite à cet examen qui peut prendre des heures, parfois des jours, le capitaine décide, après avoir consulté l'équipage, de le prendre en chasse. Les routes maritimes les plus fréquentées sont déjà bien connues à cette époque. Les pirates utilisent la ruse : ils se font passer pour un navire ami, n'hésitant pas à hisser un drapeau de la même nation que leur proie. Des marins peuvent également s'affubler d'uniformes volés pour mettre en confiance le navire convoité. Il faut en effet s'approcher le plus près possible de l'adversaire afin de pouvoir l'aborder.

À l'abordage !

Dans la plupart des cas, les pirates tirent un coup de canon sur l'avant du navire, un coup de semonce indiquant clairement à l'ennemi qu'il vaut mieux se rendre. Puissamment armés, plusieurs pistolets à la ceinture, sabre à la main, les pirates jouent sur l'effet de surprise et sur la peur pour intimider l'équipage victime de l'attaque, souvent peu préparé à ce genre d'agression. En cas de refus d'une reddition, les tirs de canons, de grenades, les cris de guerre, l'assaut massif d'hommes prêts à tout terrorisent rapidement les marins... Reste à découvrir où se trouvent l'or et les objets précieux. Il faut parfois se résoudre à utiliser la torture pour faire avouer le capitaine et ses officiers. Mais certains pirates ne manquent pas d'imagination en la matière...

LES CODES PIRATES

Sans patrie, sans roi, les pirates respectent leur propre loi, une charte comportant quelques principes simples qui varient peu d'un navire à l'autre. Ils naviguent sous leur propre pavillon devant lequel beaucoup de capitaines frémissent.

LE « JOLLY ROGER »

L'EMBLÈME DES PIRATES EST BAPTISÉ LE « JOLLY ROGER ». CE NOM POURRAIT VENIR DE L'EXPRESSION « JOLI ROUGE » DES BOUCANIERS ET FLIBUSTIERS FRANÇAIS, LE MOT « ROUGE » ÉTANT PRONONCÉ AVEC UN ACCENT, CE QUI LUI AURAIT PAR LA SUITE DONNÉ UNE CONSONANCE ANGLOPHONE. EN GÉNÉRAL, IL S'AGIT DU DRAPEAU NOIR ORNÉ D'UN CRÂNE HUMAIN BLANC ET DE DEUX OS CROISÉS, DES TIBIAS. DANS CERTAINS CAS, LES OS SONT REMPLACÉS PAR DES SABRES OU DES PISTOLETS. LE CRÂNE, RÉFÉRENCE À LA MORT, A POUR BUT D'EFFRAYER LES FUTURES VICTIMES QUI SAVENT À QUOI S'ATTENDRE QUAND ELLES CROISENT LE CHEMIN D'UN NAVIRE ARBORANT CE PAVILLON. LE SABLIER EST LE SYMBOLE DU TEMPS QUE LES PIRATES DONNENT À LEURS VICTIMES POUR SE RENDRE.

Jack Rackham

Emmanuel Wynne

Thomas Tew

Barbe Noire

Henry Every

Bartholomew Roberts

Le Code des Pirates

1. Chaque pirate pourra donner son avis dans les affaires d'importance et aura un pouvoir de se servir quand il voudra des provisions et des liqueurs fortes nouvellement prises, à moins que la disette n'oblige le public d'en disposer autrement, la décision étant prise par vote.

2. Les pirates iront tour à tour, suivant la liste qui en sera faite, à bord des navires capturés et recevront pour récompense, outre leur portion ordinaire de butin, une chemise de toile. Mais s'ils cherchent à dérober de l'argenterie, des bijoux ou de l'argent, ils seront abandonnés sur une île déserte. Si un homme en vole un autre, on lui coupera le nez et les oreilles et on le déposera à terre en quelque endroit inhabité et désert.

3. Il est interdit de jouer de l'argent aux dés ou aux cartes.

4. Les lumières et les chandelles doivent être éteintes à huit heures du soir. Ceux qui veulent boire, passé cette heure, doivent rester sur le pont sans lumière.

5. Les hommes doivent avoir leur fusil, leur sabre et leurs pistolets toujours propres et en état de marche.

6. La présence de jeunes garçons ou de femmes est interdite. Celui que l'on trouvera en train de séduire une personne de l'autre sexe et de la faire naviguer déguisée sera puni de mort.

7. Quiconque déserterait le navire ou son poste d'équipage pendant un combat serait puni de mort ou abandonné sur une île déserte.

8. Personne ne doit frapper quelqu'un d'autre à bord du navire ; les querelles seront réglées à terre de la manière qui suit, à l'épée ou au pistolet. Les hommes étant préalablement placés dos à dos feront volte-face au commandement du quartier-maître et feront feu aussitôt. Si l'un d'eux ne tire pas, le quartier-maître fera tomber son arme. Si tous deux manquent leur cible, ils prendront leur sabre, et celui qui fait couler le sang le premier sera déclaré vainqueur.

9. Nul ne pourra quitter la vie de pirate avant d'avoir en poche au moins 1 000 livres. Celui qui devient infirme ou perd un bras ou une jambe en service recevra 800 pièces de huit sur la caisse commune et, en cas de blessure moins grave, touchera une somme proportionnelle.

10. Le capitaine et le quartier-maître recevront chacun deux parts de butin, le canonnier et le maître d'équipage, une part et demie, les autres officiers une part et un quart, les flibustiers une part chacun.

11. Les musiciens auront le droit de se reposer le jour du sabbat. Les autres jours de repos ne leur seront accordés que par faveur.

AVENTURE,

Certains auteurs ont voulu voir dans la flibuste et la piraterie une sorte de société idéale reflétant les idées nouvelles des philosophes européens du XVIIIe siècle ; la liberté, l'égalité, la fraternité ne seraient-elles pas les valeurs phares des pirates ?

La liberté à tout prix

Certains récits contribuent à créer la figure du pirate libre et souverain, comme celui qui met en scène le mythique capitaine Misson :

Accompagné de l'abbé Caraccioli, celui-ci crée à Madagascar, à une époque indéterminée, une petite république, nommée Libertalia, pratiquant la démocratie et la justice sociale, et bannissant l'esclavage. Mais les pirates en sont chassés par les indigènes après une attaque surprise. Misson s'enfuit avec 45 hommes, échappant au massacre. Il partage entre eux le trésor de Libertalia. Les pirates trouvent pourtant la mort un peu plus tard, alors qu'ils font route vers le golfe de Guinée.

Celui qui raconte cette histoire n'est autre que Daniel Defoe dans son ouvrage consacré à la piraterie ; il précise bien qu'il ne s'agit que d'un récit. Personne ne semble avoir trouvé la trace de ce fameux capitaine Misson et de sa république imaginaire. Une pure affabulation ! Pourtant elle contribue à propager des idées nouvelles dans cette Europe soumise aux monarchies.

Mais cette image idéale des pirates semble bien illusoire : elle fait l'impasse sur les naufrages, les crimes, les massacres, les tortures, les viols commis par les flibustiers et les pirates pendant deux siècles.

La pièce de huit

« Pièces de huit, pièces de huit… » clame Capitaine Flint, le perroquet de Long John Silver dans *L'Île au trésor*. Dans de nombreux récits, les pirates se partagent des coffres pleins de bijoux, de lingots, etc. Ils cherchent surtout des pièces d'or ou d'argent. Ainsi, la fameuse pièce de huit, une pièce espagnole en argent de huit réaux.

Jambe de bois et œil crevé

Les attaques à l'arme blanche, les duels, les explosions provoquent des victimes en grand nombre lors des abordages, beaucoup de tués, de blessés qu'il est parfois difficile de sauver. Pour éviter la gangrène qui peut être fatale, il faut souvent se résoudre à couper le membre infecté. Il est alors indispensable pour l'équipage de disposer d'un médecin, chargé d'amputer jambes,

GLOIRE ET MISÈRE

mains, bras, avec les moyens du bord, du matériel pour le moins rudimentaire : une scie, du whisky ou du rhum pour désinfecter, un fer chauffé à blanc pour refermer la plaie... Beaucoup de pirates deviennent borgnes à la suite d'explosions ou de bagarres, et portent ensuite un bandeau noir sur l'œil. On retrouve des pirates de ce type dans *L'Île au trésor* de Stevenson : Long John Silver l'unijambiste, Pew l'aveugle.

Le trésor caché

Le trésor caché par un capitaine sur une île déserte fait partie des mythes pirates. Quelques-uns l'ont sans doute fait, peut-être même en ont-ils dessiné la carte... Mais en général, les pirates dépensent ce qu'ils ont gagné dans les tavernes, auprès de femmes. Certains taverniers, installés dans leurs repaires, font fortune, comme à Port-Royal en Jamaïque. Beaucoup de navires pirates coulent également, et c'est au fond des mers que l'on peut certainement trouver le plus de trésors !

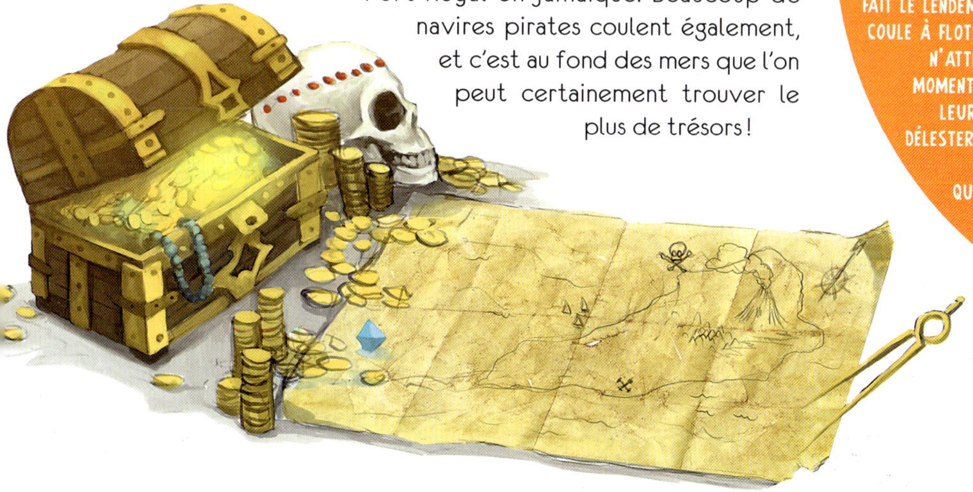

LES FÊTES PIRATES

APRÈS AVOIR CAPTURÉ UN NAVIRE COMPORTANT UN GÉNÉREUX BUTIN, LES PIRATES REGAGNENT LEUR BASE SUR UNE ÎLE DES CARAÏBES. CHACUN AYANT REÇU SA PART, IL EST DE COUTUME D'EN PROFITER LE PLUS RAPIDEMENT POSSIBLE, ON NE SAIT PAS DE QUOI SERA FAIT LE LENDEMAIN. LE RHUM COULE À FLOTS, DES FEMMES N'ATTENDENT QUE CE MOMENT POUR VANTER LEURS CHARMES ET DÉLESTER CES PAUVRES BOUGRES DE QUELQUES PIÈCES D'OR...

LES PIRATES ANGLAIS

En 1724, un certain capitaine Johnson publie son *Histoire générale des plus fameux pirates*. Elle regroupe les récits des exploits des plus légendaires pirates du XVIIIe siècle. Et si son auteur n'était autre que Daniel Defoe, l'auteur de *Robinson Crusoé* ?

Le capitaine Kidd, corsaire ou pirate ?

Né en 1645, le capitaine Kidd a combattu les Français dans les Antilles, ce qui a fait sa fortune. Il s'installe à New York. Vers 1695, le roi d'Angleterre, qui souhaite faire disparaître les pirates de la côte nord-américaine et de la mer d'Orient, lui confie cette mission. Kidd navigue donc jusqu'à l'entrée de la mer Rouge. C'est un lieu stratégique pour les flibustiers qui attendent les navires venant de Moka, au Yémen, avec des cargaisons de café. Kidd découvre une quinzaine de navires prêts à appareiller. Quand le convoi quitte Moka, il s'en approche. Mais il est pris pour cible par un navire anglais qui croit avoir affaire à un pirate. Il bat en retraite et erre plusieurs mois dans l'océan Indien. Ses hommes le poussent à la piraterie. Il finit par capturer un navire français, vend la cargaison et peut ainsi payer son équipage exaspéré après deux ans de navigation. Kidd a franchi le pas ! En décembre 1697, il s'empare d'un navire appartenant à des armateurs arméniens. La vente de la cargaison rapporte 10 000 livres. Kidd, à présent à la tête de trois navires, se rend à Madagascar en avril 1698. Il y rencontre des flibustiers qu'il doit de toute évidence capturer. Mais ses hommes s'y opposent et changent de camp ! Kidd est fait prisonnier. Les pirates reprennent la mer, l'abandonnant avec quelques hommes restés fidèles. Après avoir remis en état un navire, Kidd se résigne à rejoindre l'Angleterre, où ses forfaits sont désormais connus. Il est devenu un paria. Il décide alors de se rendre à New York, espérant encore bénéficier de la protection d'un lord. Il disperse auparavant son trésor en différents endroits. Kidd est arrêté en juillet 1699, puis transféré en Angleterre. Emprisonné dans la sinistre prison de Newgate, il passe devant la justice deux ans plus tard. Condamné à la pendaison, son corps est exposé à Tilbury Point à l'entrée du port de Londres pendant de longs mois, enduit de goudron, entouré de chaînes, un harnais de métal autour de la tête. Certains cherchent encore le trésor du capitaine Kidd…

CÉLÈBRES

Barbe Noire

Sa légende n'est plus à faire. Natif de Bristol, Edward Teach devient corsaire, puis pirate après la fin de la guerre en 1716. L'année suivante, il attaque Charleston, en Caroline-du-Sud, et s'empare de tous les navires du port. Doté d'une longue barbe, de laquelle lui vient son surnom, il en fait de longues tresses attachées par des rubans de multiples couleurs. Personnage excentrique, il effraie ses prisonniers en mettant le feu à des bouts de ficelle dépassant de son chapeau. Il périt en 1718 : pourchassé par le capitaine Maynard (sa tête étant mise à prix 100 livres sterling), il est décapité, et sa tête trône au beaupré du navire qui rentre triomphalement au port de Bath Town (en Virginie).

Calico Jack ou Rackham le Rouge

Jack Rackham navigue sur un bâtiment de la Royal Navy quand une mutinerie se déclare à bord : les officiers ont refusé d'attaquer un navire français qui croise dans les mêmes eaux. Rackham se voit alors désigné comme capitaine du *Neptune*, et part à l'abordage du vaisseau français. Le voilà engagé dans la piraterie. Il est surnommé Calico Jack, car c'est un homme élégant, portant des vêtements en calicot très colorés. Il embarque sur son navire deux marins qui sont en fait deux femmes déguisées en hommes : Mary Read, et Ann Bonny qui deviendra son épouse. Mais vient l'heure de répondre de ses crimes : Rackham est poursuivi par les navires envoyés par Woodes Rogers. Il est finalement capturé en octobre 1720, jugé et condamné à mort par pendaison.

LES FEMMES

Les femmes n'avaient pas le droit de naviguer sur un navire pirate. Pourtant, quelques-unes réussirent à s'imposer en utilisant des ruses. Elles sont entrées dans la légende de la piraterie…

Ann Bonny

Ann Bonny est la fille illégitime de William Cormac, un procureur irlandais de Cork, qui fuit le scandale de son adultère en s'installant comme planteur en Virginie. C'est là qu'Ann tue d'un coup de couteau sa domestique anglaise. Elle se marie avec un certain John Bonny, mais le quitte bien vite pour partir seule pour les Caraïbes. Elle y rencontre le fameux pirate Jack Rackham, qui l'épouse. Pour s'enfuir avec lui, elle se déguise en homme. Elle s'intègre à l'équipage, participe aux batailles comme les autres pirates, monte à l'abordage. Jusqu'au jour où Rackham tombe entre les mains d'un sloop anglais en 1720 au large de la Jamaïque… Les autorités anglaises sont alors sans pitié pour les pirates, tout l'équipage est condamné à mort. Ann Bonny, arguant qu'elle est enceinte, obtient la grâce du gouverneur, assiste à la pendaison de Rackham. Personne ne sait exactement ce qu'elle est devenue par la suite, mais les hypothèses sont nombreuses…

Mary Read

Née à Londres vers 1690 dans une famille pauvre, Mary Read prend auprès de sa mère la place de son jeune frère qui vient de mourir. Travestie en homme, elle combat dans l'infanterie en Flandre et aux Pays-Bas. Elle épouse un soldat de son régiment, puis, la paix revenue, ouvre une taverne à Breda. Quand son mari décède, elle prend la mer, direction les Antilles. Sa route croise celle de Rackham, qui s'empare de son navire. C'est là qu'elle rencontre Ann Bonny…

Elles seront capturées toutes les deux en novembre 1720, après s'être battues vaillamment contre les Anglais. Son exécution ayant été reportée, Mary Read meurt en détention de fièvre jaune.

PIRATES

Madame Ching

Au début du XIXe siècle, alors que la piraterie en Atlantique a disparu, c'est en mer de Chine qu'une femme va faire parler d'elle. À la mort de son mari, madame Ching prend la tête de six escadres, soit près de 500 navires de toutes tailles. Ses pirates attaquent les villes le long des fleuves, massacrent la population et volent des femmes qu'ils revendent ensuite à Macao. L'empereur envoie plusieurs fois ses amiraux tenter de mettre au pas ces rebelles, sans succès. Finalement, lors de l'ultime bataille sur le fleuve Sin-Kiang, la légende raconte que madame Ching se rend face à une flotte plus nombreuse commandée par le redoutable amiral Ting-Kvei. Cela se passe en 1810 ; madame Ching se retire alors de la marine, et dirige une maison close et un cercle de jeu avant de mourir en 1844.

LA FIN DE LA PIRATERIE

Cage en fer

Dès le début du XVIIIe siècle, les colonies anglaises installées le long de la côte atlantique, de la Floride à Boston, se plaignent de la présence permanente de pirates qui entravent le commerce avec l'Angleterre. Les gouverneurs demandent à Londres d'intervenir. Ces pirates, même s'ils ne sont plus aussi nombreux qu'auparavant, attaquent principalement des navires se rendant à la Jamaïque.

Le pardon ou la potence...

Le roi d'Angleterre, George Ier, essaie de faire rentrer dans le rang tous les pirates anglais. Il proclame, dans un acte signé à Hampton Court, que tout pirate qui se soumet aux autorités en septembre 1718 bénéficiera de son gracieux pardon. Il donne l'ordre aux officiers de sa marine de se saisir de tous ceux qui refusent de se conformer aux termes de cet acte, et de les faire comparaître devant la justice. Des récompenses sont offertes à ceux qui capturent des pirates. L'Amirauté ne laisse que peu de choix aux pirates : la soumission, la délation ou encore la rébellion de l'équipage. Les Anglais envoient ainsi, vers 1715-1720, des navires de guerre croiser sur la côte ouest de l'Amérique, de Boston à la Jamaïque. Mais l'étendue de l'espace maritime est telle, le nombre d'îles si important, que cette présence n'a aucun effet dissuasif. Ces pirates, essentiellement anglais, vont pendant une dizaine d'années mener la vie dure aux navires marchands.

LA PEINE DE MORT POUR LES PIRATES LES PIRATES CAPTURÉS DOIVENT S'ATTENDRE À UN TRISTE SORT. LES PUNITIONS QU'ON LEUR INFLIGE ONT SURTOUT POUR OBJECTIF DE DISSUADER LA PIRATERIE. AUSSI, LES CAPITAINES LES PLUS VIOLENTS ET CRUELS SONT CONDAMNÉS À MORT : ILS SONT PENDUS HAUT ET COURT SUR LA PLACE PUBLIQUE, LE PLUS SOUVENT SUR UN QUAI. LEUR CORPS RESTE ENSUITE EXPOSÉ PENDANT DE LONGS JOURS À LA VUE DE TOUS LES MARINS FRÉQUENTANT LE PORT, ENDUIT DE GOUDRON ET ENCHAÎNÉ, COMME CE FUT LE CAS DU CAPITAINE KIDD À TILBURY POINT, À L'EMBOUCHURE DE LA TAMISE.

DANS LES CARAÏBES

Les pirates aux Bahamas, le reflux

Les pirates ne se laissent pas faire aussi facilement ! Dans le port de New Providence (aujourd'hui Nassau) se regroupent plusieurs chefs pirates qui n'ont pas l'intention de baisser les bras. Et pas des moindres ! Barbe Noire, Calico Jack, Bartholomew Roberts, et bien d'autres ! Combien étaient-ils ? On parle d'au moins 2 000 pirates, soit une trentaine de navires. Un nombre suffisant pour maintenir une insécurité permanente dans les Caraïbes. Ils parviennent à déjouer pendant quelque temps le piège dans lequel le roi d'Angleterre tente de les enfermer. Mais ils finissent par céder devant l'escadre commandée par Woodes Rogers. Celui-ci fait place nette. Il réussit à éradiquer la piraterie en quelques mois.

C'est donc vers les années 1730 que les Caraïbes et la côte ouest de l'Amérique sont nettoyées de leurs pirates. Il ne leur reste plus qu'à entrer dans la légende…

Tête de Barbe Noire pendue au mât de beaupré

Procès de William Kidd

Chapitre 3

LA
PIRATERIE
MODERNE

LA FIN DE LA PIRATERIE

Après plusieurs siècles de conflits sur les mers, les grandes puissances entrent dans une période de paix et d'entente afin de favoriser le commerce maritime. La piraterie vit ses derniers soubresauts.

L'un des derniers pirates : Jean Lafitte

Jean Lafitte, né à Haïti en 1792 de parents français, se fait une solide réputation de corsaire, de pirate et de contrebandier. Avec son frère Pierre, il rançonne les activités économiques autour de La Nouvelle-Orléans, capture des navires remontant le Mississippi et revend en contrebande leurs cargaisons. Napoléon vient de céder la Louisiane aux Américains pour plusieurs millions de francs. Les deux frères installent leur repaire à Barataria, dans le delta du Mississippi. Ils y cachent leur butin, mouillent leurs navires à l'abri des vents et continuent leurs méfaits en pratiquant le trafic d'esclaves clandestin. Emprisonné par les Américains, Jean Lafitte réussit à s'échapper de sa prison. Mais Jean Lafitte, son frère et leurs hommes de confiance savent aussi faire preuve de courage quand La Nouvelle-Orléans est attaquée en 1814, lors de la guerre entre les Américains et les Anglais, ce qui leur vaut la grâce des autorités américaines. Par la suite, en 1847, Jean Lafitte rencontre Karl Marx et Friedrich Engels à Bruxelles, et les aide à publier leur manifeste. Il meurt dans son lit en mai 1854, à l'âge de 72 ans.

TRADITIONNELLE

Des pirates déchargeant leur butin vers leur repaire

1856 : le traité de Paris

À l'issue de la guerre de Crimée, qui avait vu s'affronter la Russie et la France, alliée à l'Angleterre et à l'Empire ottoman, les grandes puissances signent un traité à Paris en avril 1856, par lequel elles acceptent de mettre fin à la course et de ne plus délivrer de lettres de marque. Il s'agit d'abolir définitivement le recours à des corsaires lors d'un conflit. Elles s'engagent également à ne pas attaquer les navires des nations neutres, ou saisir des marchandises appartenant à des ennemis mais transportées sur des navires neutres. Ce traité, auquel la plupart des grandes nations adhèrent, y compris les États-Unis, constitue une avancée importante dans le droit maritime international, préfigurant les conventions du XXe siècle.

LA PIRATERIE

Boat-people

Au début de ce XXIe siècle, la recrudescence de la piraterie maritime a amené l'ONU et les pays occidentaux à réagir. De 2003 à 2008, 1 845 actes de piraterie ont été recensés soit près de 330 par an en moyenne, presque une attaque par jour (406 ont été comptabilisées en 2009) !

En mer de Chine

Fusil à pompe

En 1975, alors que la guerre menée par les Américains se termine, des milliers de réfugiés quittent le sud du Viêt-nam par la mer. Ces boat-people, totalement démunis et naviguant sur des navires de fortune, sont attaqués en mer de Chine par des pirates thaïlandais, philippins ou indonésiens, et dépouillés du peu de choses dont ils disposent. Ces pirates font des milliers de victimes, se rendent également coupables de viols et de bien d'autres crimes. Il s'agit de pêcheurs transformés en pirates, saisissant là l'occasion de s'enrichir en dépouillant des victimes sans défense. On redécouvre ainsi dès 1975 la piraterie, que l'on croyait disparue à jamais.

Qui sont ces nouveaux pirates ?

Kalachnikov

On peut caractériser les pirates d'aujourd'hui de deux façons : ils appartiennent soit à la puissante mafia chinoise des mers, soit à des groupes isolés en rupture avec la société. L'existence de cette mafia est avérée : dans les ports chinois, certains navires retrouvés maquillés laissent penser que les pirates bénéficient de complicités haut placées.

Quant aux autres pirates, ce sont tout simplement des pêcheurs, des paysans, des chauffeurs de taxi dont la situation sociale est devenue trop difficile. Ils évoluent dans des zones qui ont connu des guerres civiles désorganisant les sociétés traditionnelles, bouleversant les économies, déplaçant les populations (Nigeria, Somalie, etc.). Des milices se sont créées, les chefs de guerre tirent les ficelles… Le trafic d'armes permet de se fournir pour peu d'argent en fusils, lance-roquettes, etc.

D'AUJOURD'HUI

Lance-roquettes

Les techniques d'attaque

Les attaques ont lieu dans les zones de trafic international, grâce à des bateaux rapides disposant d'un arsenal. Au large de la Somalie, les pirates opèrent avec des chalutiers industriels russes qu'ils ont capturés. Ces navires remorquent des hors-bord longs de 7 à 10 mètres, sur lesquels sont positionnés des hommes armés de mitrailleuses et de lance-roquettes. Les équipages passent parfois plusieurs semaines à rechercher une proie, comme le faisaient les pirates du XVIIIe siècle. Une fois le navire arraisonné, il est conduit jusqu'à un repaire. On en connaît quelques-uns comme les ports de Eil, de Hokyo ou de Harardere sur la côte est de la Somalie. Parfois, les pirates se déguisent en immigrés clandestins dérivant près des rails de circulation maritime, attirant ainsi à eux leurs futures victimes. Plusieurs scénarios ont été observés. Par exemple, les pirates montent à bord du navire, maîtrisent rapidement l'équipage et volent tout ce qui a de la valeur. Dans d'autres cas, le navire est capturé, pris en otage, et une négociation s'engage avec l'armateur afin d'obtenir une rançon. Cela peut durer des mois. Parfois, c'est la cargaison qui est pillée et revendue. On a également affaire à de véritables gangs, parfaitement organisés, dont les chefs se gardent bien de prendre la mer…

DE NOUVELLES CIBLES

CES DERNIÈRES ANNÉES, NOTAMMENT DEPUIS 2007, PLUSIEURS ABORDAGES DE NAVIRES MARCHANDS ET DE PLAISANCE ONT FAIT LA UNE DE L'ACTUALITÉ. LE VOILIER DE CROISIÈRE FRANÇAIS *LE PONANT*, DOTÉ DE TROIS MÂTS, EST PRIS EN OTAGE LE 4 AVRIL 2008 AU LARGE DES CÔTES DE LA SOMALIE AVEC TRENTE PERSONNES À BORD. ELLES SONT LIBÉRÉES UNE SEMAINE PLUS TARD GRÂCE À L'INTERVENTION DES FORCES SPÉCIALES FRANÇAISES, ET APRÈS LE VERSEMENT D'UNE RANÇON DE PLUS DE 1,5 MILLIONS D'EUROS. UN AN PLUS TARD, C'EST AU TOUR D'UN AUTRE VOILIER PLUS MODESTE, *LE TANIT*, EN ROUTE VERS ZANZIBAR, D'ÊTRE L'OBJET D'UNE ATTAQUE. LORS DE LA RIPOSTE D'UN COMMANDO FRANÇAIS, LE 10 AVRIL 2009, DEUX PIRATES ET LE SKIPPER FRANÇAIS SONT TUÉS. CES OPÉRATIONS SPECTACULAIRES NE SEMBLENT PAS DISSUADER LES PIRATES, CAR D'AUTRES AGRESSIONS SE SONT DÉROULÉES PAR LA SUITE.

Attaque du voilier Le Ponant

LES ZONES À RISQUE

LE GOLFE DE GUINÉE

AUTRE ZONE DANGEREUSE, AU LARGE DU NIGERIA. CETTE FOIS, CE SONT LES INSTALLATIONS PÉTROLIÈRES DU GOLFE DE GUINÉE QUI SONT VISÉES PAR LE MOUVEMENT MEND (MOUVEMENT POUR L'ÉMANCIPATION DU DELTA DU NIGER). LES CIBLES SONT LES PLATES-FORMES PÉTROLIÈRES, LES NAVIRES DE RAVITAILLEMENT ET LES NAVETTES TRANSPORTANT LE PERSONNEL DES COMPAGNIES OCCIDENTALES.

LE GOLFE D'ADEN PLUS RÉCEMMENT, DES PIRATES APPARAISSENT AU LARGE DE LA SOMALIE ET DANS LE GOLFE D'ADEN. CETTE RÉGION, SITUÉE À PROXIMITÉ DES PAYS PRODUCTEURS DE PÉTROLE ET RELIANT LA MÉDITERRANÉE À L'OCÉAN INDIEN VIA LE CANAL DE SUEZ, CONSTITUE UN AXE STRATÉGIQUE MAJEUR POUR LES PAYS LES PLUS DÉVELOPPÉS.

LE PUNTLAND, NOUVELLE BASE DES PIRATES LA SOMALIE, PAYS PAUVRE PARMI LES PAUVRES, RAVAGÉ PAR LA GUERRE, DIVISÉ EN CLANS QUI SE PARTAGENT LE TERRITOIRE : VOILÀ UN TERREAU FERTILE POUR LES PIRATES QUI N'ONT AUCUNE DIFFICULTÉ À SE PROCURER DES ARMES. CES HOMMES ONT VÉCU MISÉRABLEMENT, DANS DES VILLAGES SANS EAU COURANTE NI ÉLECTRICITÉ, SAVENT À PEINE LIRE ET ÉCRIRE. POUR NOURRIR LEUR FAMILLE, ILS SONT PRÊTS À TOUT. LES FUTURS PIRATES SE RETROUVENT EN GÉNÉRAL AU PUNTLAND, UN ÉTAT QUI A DÉCLARÉ SON AUTONOMIE AU SEIN DE LA SOMALIE EN 1998. SITUÉ DANS LA CORNE DE L'AFRIQUE, C'EST UN LIEU STRATÉGIQUE CONTRÔLANT L'ACCÈS DE LA MER ROUGE À L'OCÉAN INDIEN. MÊME LES NAVIRES APPORTANT L'AIDE HUMANITAIRE DE L'ONU AUX VICTIMES DU CONFLIT EN SOMALIE Y ONT ÉTÉ RANÇONNÉS ! LA PIRATERIE EST UNE ACTIVITÉ QUI RAPPORTE ÉNORMÉMENT, PLUSIEURS DIZAINES DE MILLIONS DE DOLLARS SELON CERTAINES SOURCES. CES FORBANS DES MERS DEVIENNENT DES NOUVEAUX RICHES, DES HÉROS POUR L'ENSEMBLE DE LA POPULATION. LES AUTORITÉS DU PUNTLAND S'EFFORCENT NÉANMOINS DE PARTICIPER À LA LUTTE INTERNATIONALE CONTRE LA PIRATERIE, CERTAINS PIRATES ONT ÉTÉ JUGÉS ET EMPRISONNÉS.

Le détroit de Malacca À la fin du XXe siècle, des pirates sévissent dans le détroit de Malacca, entre l'Indonésie et la Malaisie, route maritime conduisant de l'océan Indien à la mer de Chine. Ce détroit voit passer une grande partie du commerce vers le Japon, la Corée et la Chine : du pétrole, mais aussi des conteneurs remplis de produits destinés à l'exportation. Les attaques visent plus particulièrement à voler de l'argent à bord des navires. Des gangs installés dans les îles attaquent avec des navires rapides sans faire de prises d'otages. On pense alors qu'il s'agit de miliciens, autrefois soutenus par le pouvoir indonésien, qui se seraient reconvertis dans la piraterie grâce à des complicités dans l'armée. Les attaques pirates se succèdent jusqu'en 2000 dans cette région qui finit par être nettoyée par les pays riverains. Les Américains coopèrent avec Singapour afin de réduire la piraterie dans cette zone stratégique. Les mesures prises au niveau international pour lutter contre le terrorisme, suite aux attentats du 11 septembre 2001 aux USA, ont également un effet dissuasif. Un accord de coopération régionale pour combattre la piraterie permet de réduire les risques.

Les Philippines

Aux Philippines, un mouvement islamique attaque les navires dans la mer de Sulu. Il revendique la création d'un État indépendant sur l'île de Mindanao. La piraterie est ancienne dans cette région. Lapérouse, lors de son expédition dans le Pacifique, raconte qu'aux abords de Manille, en mars 1787, il lui est recommandé d'être sur ses gardes. Des pirates maures attaquaient régulièrement des bateaux, enlevaient les marins, etc.

En Indonésie Un autre mouvement séparatiste installé dans la province d'Aceh, au nord de Sumatra, se livre à des prises d'otages parmi les équipages de navires afin d'obtenir des rançons destinées à financer la guérilla contre le pouvoir central.

Les Seychelles Les bateaux européens se rendant dans le secteur des Seychelles pour la pêche au thon sont également visés. Des thoniers français, certains armés à Concarneau, ont décidé de quitter cette zone et se sont repliés en Atlantique. L'économie des Seychelles est ainsi durement touchée, la conserverie tourne au ralenti, le tourisme est mis à mal. Afin de continuer les campagnes de pêche dans l'océan Indien, les armateurs ayant décidé de rester dans cette zone peuvent désormais embarquer des fusiliers marins mis à disposition par la Marine française. Cette présence militaire rassure les équipages et a déjà permis de déjouer des attaques de pirates.

LA RÉACTION DES

Au cours de l'année 2008, près de 300 navires ont été attaqués et une cinquantaine capturés. Ces attaques ont conduit à la prise en otages de 889 marins, dont 11 ont été tués et 21 portés disparus. Face à cette situation, les États concernés ont dû réagir.

Les primes d'assurances explosent

La recrudescence des attaques de navires par ces nouveaux « gueux des mers » a pour conséquence de voir les primes d'assurances des compagnies maritimes augmenter fortement, notamment celles qui assurent le trafic dans des zones à risque. Les primes ont ainsi été multipliées par dix selon la Lloyd, célèbre compagnie d'assurances installée à Londres. Elle assurait déjà les navires des armateurs anglais qui envoyaient leurs navires marchands dans les Caraïbes aux XVIIe et XVIIIe siècles. La compagnie propose maintenant un contrat spécifique « anti-pirates ». Il en coûte 30 000 dollars à l'armateur pour un passage dans le golfe d'Aden. Le contrat prévoit le remboursement de la rançon, des frais d'acheminement de l'argent aux ravisseurs, etc.

La convention de Montego Bay

Une convention internationale sur le droit de la mer a été signée en décembre 1982 à Montego Bay (ville située en Jamaïque). Elle définit ce qu'est la piraterie des temps modernes : l'acte doit être commis en temps de paix, en haute mer, avec violence, en utilisant un bateau civil et à des fins privées (vol, demande de rançon, etc.).

La piraterie constitue donc une infraction pénale qui doit être sanctionnée par des tribunaux. Ainsi les pirates capturés par des navires français sont transférés en France pour y être jugés.

Une présence militaire dissuasive ?

La convention de Montego Bay permet de dédier des navires à la lutte contre la piraterie. Ainsi, à la fin de l'année 2008, les pays de l'Union européenne ont mis en place la mission Atalante, au large de la Somalie. Elle est composée d'une douzaine de navires et de deux avions de patrouille appartenant à six pays de l'Union, dont la France.

Patrouille protégeant un navire

GRANDES PUISSANCES

Il y avait urgence : 130 navires avaient été attaqués au cours de l'année. Dès qu'une agression est signalée, des fusiliers marins sont envoyés sur le navire pris en otage. L'objectif est d'éviter que les pirates ne mènent leurs prisonniers dans un village, où l'on aurait des difficultés à les localiser.

Quel bilan ?

La présence d'une trentaine de navires a-t-elle eu un effet dissuasif ? Si les bâtiments de guerre ont permis de protéger la majeure partie du trafic maritime et notamment les convois humanitaires vers la Somalie, force est de constater que les attaques sont plus nombreuses. En 2009, il a été dénombré au total 214 tentatives, soit le double de l'année précédente, 47 attaques ayant réussi, permettant aux pirates de mettre la main, les neuf premiers mois de 2009, sur 32 navires et de prendre en otages 533 marins. Dans le même temps, des centaines de pirates étaient faits prisonniers (250 entre décembre 2009 et avril 2010), et une trentaine de leurs embarcations étaient détruites par les navires de la force Atalante. La présence militaire a permis de réduire le taux d'arraisonnements réussis par les pirates, mais simultanément ils ont élargi leur zone d'action jusqu'à 1 000 kilomètres des côtes somaliennes, allant jusqu'aux Seychelles pour s'en prendre à des navires de pêche et rendant encore plus difficile le contrôle par les marines occidentales.

TRAITER LE PROBLÈME À LA RACINE

DES NÉGOCIATIONS SONT ENTAMÉES AVEC LA SOMALIE AFIN DE TROUVER UNE SOLUTION PLUS ÉCONOMIQUE ET SOCIALE. UNE AIDE DES PAYS OCCIDENTAUX EST PROMISE (213 MILLIONS DE DOLLARS) AFIN D'AIDER LE PAYS À ÉRADIQUER LA PIRATERIE. UN RAPPORT RÉCENT MET LE DOIGT SUR LA RESPONSABILITÉ DES OCCIDENTAUX DANS L'EXPANSION DE LA PIRATERIE. EN EFFET, LE DÉVELOPPEMENT DE LA PÊCHE INDUSTRIELLE PRÈS DES CÔTES SOMALIENNES A EU POUR EFFET LE PILLAGE DES RESSOURCES PAR DES NAVIRES ÉTRANGERS, PARFOIS DÉPOURVUS DE LICENCE. L'ACTIVITÉ DES PÊCHEURS LOCAUX S'EN EST DUREMENT RESSENTIE, CERTAINS N'HÉSITANT PAS ALORS À DEVENIR PIRATES. UN CONTRÔLE PLUS STRICT DES BATEAUX PÊCHANT DANS CETTE ZONE PERMETTRAIT UN RETOUR À PLUS DE SÉRÉNITÉ.

D'AUTRES FORMES

De nouvelles formes de piraterie sont nées dans le monde contemporain, utilisant les moyens de transport et de communication modernes. Leurs objectifs : des revendications politiques, des extorsions de fonds ou des vols.

La piraterie aérienne

Avec l'apparition de la navigation aérienne de masse à l'échelle de la planète dans les années 1960-1970, certains pirates utilisent désormais les avions pour obtenir des rançons, faire entendre des revendications politiques ou exiger la libération de prisonniers. Le conflit au Moyen-Orient (Israël-Palestine) voit ainsi de nombreux groupes palestiniens utiliser les détournements d'avions à des fins politiques. Les grandes puissances, d'une manière générale, ne cèdent pas au chantage, et des attaques de commandos permettent de libérer les otages.

Attentat sur les Twin Towers du World Trade Center, 11 septembre 2001

Les détournements les plus spectaculaires, les plus tragiques, ont eu lieu le 11 septembre 2001. Ce jour-là, quatre avions de ligne américains sont détournés simultanément par des membres de l'organisation Al-Qaida. Ils sont lancés contre des cibles symboles des USA et provoquent un nombre de victimes très important. Deux avions percutent les tours jumelles de New York, un troisième le Pentagone, siège des services de la défense américaine. Le quatrième avion n'a pas atteint son objectif (peut-être la Maison blanche, siège de la présidence), les passagers ayant réussi à maîtriser les pirates sans pour autant sauver leur vie.

DE PIRATERIE

La piraterie informatique

Avec l'apparition de l'informatique et du réseau mondial Internet, de nouvelles formes de piraterie ont vu le jour. Comme pour la piraterie maritime, elles parviennent à ébranler de gros acteurs commerciaux. Des informaticiens, amateurs ou professionnels, réussissent grâce à leur ingéniosité à pénétrer dans les systèmes informatiques de grandes administrations, sociétés, banques, etc. Ces « hackers » (fouineurs) cherchent parfois à monnayer les informations qu'ils ont réussi à se procurer frauduleusement. Les États, les multinationales doivent mettre en place des systèmes de sécurité de plus en plus sophistiqués, de plus en plus coûteux.

Autres pirates, plus anodins, tous ceux qui téléchargent des chansons, des films, sans payer de droits aux auteurs, aux producteurs, à tous les acteurs de l'audiovisuel. Face à cette situation, les pouvoirs publics s'efforcent de limiter le piratage à grande échelle en menaçant les pirates de condamnations pénales et de suspensions de leur accès Internet (loi sur le téléchargement adoptée en France en 2009).

Radio Caroline

RADIOS PIRATES

CERTAINES RADIOS, BRAVANT UNE LÉGISLATION CONTRAIGNANTE, DÉCIDENT DE DIFFUSER DES PROGRAMMES SANS L'AUTORISATION DES AUTORITÉS. L'UNE DES PREMIÈRES, RADIO CAROLINE, DANS LES ANNÉES SOIXANTE, DIFFUSE DU ROCK DEPUIS UN BATEAU AMARRÉ EN DEHORS DES EAUX TERRITORIALES ANGLAISES, PUIS CE SONT LES RADIOS FM EN FRANCE, À LA FIN DES ANNÉES SOIXANTE-DIX, QUI DONNENT ENTRE AUTRES NAISSANCE À NRJ.

LES PIRATES

Des histoires de flibustiers et de pirates sont publiées en Europe dès le XVIIe siècle. Plusieurs romans contribuent à bâtir le mythe des pirates et celui d'un fabuleux trésor caché dans une île des Caraïbes.

Alexandre-Olivier Oexmelin

Alexandre-Olivier Oexmelin, né à Honfleur en 1646, ambitionne de devenir chirurgien. Il quitte sa famille quand cette profession est interdite aux protestants. À 20 ans, il s'engage dans la Compagnie française des Indes et se retrouve sur l'île de la Tortue. En fait, il est traité comme un esclave au service des boucaniers et flibustiers qui peuplent l'île. Puis il réussit à faire valoir ses talents, soigne les blessés, ampute à tour de bras des flibustiers qui lui racontent leurs exploits. Il embarque sur le navire de Michel le Basque, croise Grammont, Morgan, Bras-de-fer, qu'il soigne à l'occasion. Le voilà pirate à son tour ! De retour à Amsterdam en 1677, il entame la rédaction de ses mémoires. Son livre *Les Boucaniers d'Amérique* constitue un témoignage de la vie des flibustiers et des attaques menées contre les Espagnols.

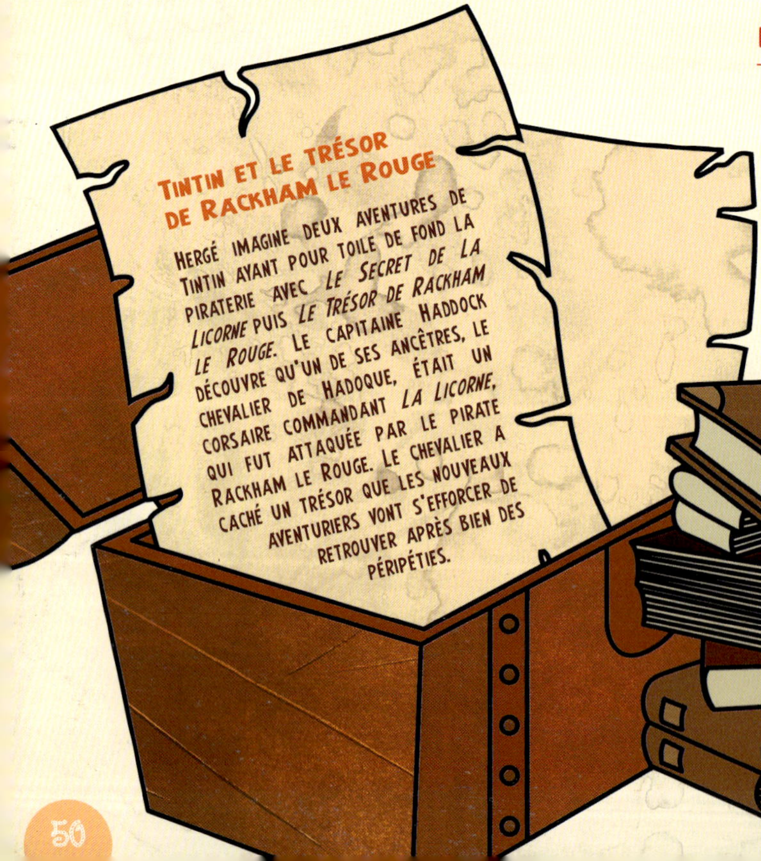

Daniel Defoe

En Angleterre paraît en 1724 et 1728 une *Histoire générale des plus fameux pirates* en deux volumes dont l'auteur, un certain capitaine Johnson, prétend avoir recueilli les témoignages de marins rentrant des Caraïbes.

DANS LA LITTÉRATURE

Son œuvre permet de véhiculer jusqu'à nous l'histoire des pirates les plus connus. C'est seulement dans les années soixante-dix que l'on peut affirmer avec une quasi-certitude que le capitaine Johnson est en réalité Daniel Defoe, l'auteur de *Robinson Crusoé* (1660-1731).

Au XIXe siècle, les romans...

Walter Scott, auteur anglais de nombreux ouvrages historiques (*Ivanhoé*, etc.), s'inspire de la vie de John Gow pour son roman *Le Pirate* en 1821. Fenimore Cooper, auteur du *Dernier des Mohicans*, écrit en 1827 *Le Corsaire rouge*. En France, Honoré de Balzac publie *Argow le pirate* en 1824 ; Eugène Sue lui emboîte le pas en 1831 avec *Kernok le pirate*. Edgar Allan Poe dans *Le Scarabée d'or*, paru en juin 1843, évoque le trésor du capitaine Kidd, caché sur une île au large de la Caroline-du-Sud. Un parchemin, un message codé, des squelettes, voici des indices suffisants pour entretenir une énigme et faire la fortune de celui qui déchiffre le code... Peter Pan et son cruel adversaire le capitaine Crochet sont créés en 1904. L'histoire met en scène un groupe d'enfants aux prises avec de dangereux pirates. L'auteur, J.M. Barrie, emprunte certains de ses traits au fameux Barbe Noire dont Crochet aurait été le maître d'équipage.

L'Île au trésor, Robert Louis Stevenson

Ce roman, publié en 1883, trouve sa source dans la carte d'une île imaginaire dessinée par le beau-fils de Stevenson. De fil en aiguille, les personnages apparaissent à l'auteur : Jim Hawkins, Bill Bones et son coffre mystérieux, Long John Silver et sa jambe de bois, Pew le pirate aveugle, le capitaine Flint. Inspiré par Daniel Defoe (le perroquet), Edgar Allan Poe (le squelette, le grand arbre en haut d'une colline), Robert Louis Stevenson publie ainsi le roman qui assure sa renommée dans le monde entier. L'histoire du pirate Morgan inspira John Steinbeck dans un roman intitulé *La Coupe d'or* paru en 1929.

BARBE ROUGE ET ASTÉRIX

AH ! LE FAMEUX BARBE ROUGE, HÉROS DES AVENTURES D'ASTÉRIX, UN PIRATE BORGNE, POIGNARD À TÊTE DE MORT À LA CEINTURE ! CE RATÉ, À LA TÊTE D'UN ÉQUIPAGE DE BONS À RIEN, EST TOUJOURS À LA RECHERCHE D'UN IMPROBABLE BUTIN, DE QUELQUES SESTERCES, AUX COMMANDES D'UN NAVIRE QUI ÉCHOUE OU SOMBRE RÉGULIÈREMENT. IL ARRIVE MÊME QUE CETTE GLORIEUSE TROUPE SE RETROUVE RÉDUITE À RAMER SUR DES GALÈRES...

CORTO MALTESE, LE GENTILHOMME DE FORTUNE OU L'IDÉAL PIRATE COMMENT NE PAS AVOIR L'ÂME D'UN PIRATE QUAND ON EST LE FILS D'UN MARIN NÉ EN CORNOUAILLES, UN REPAIRE DE FORBANS ET DE CONTREBANDIERS ? PERSONNAGE MYTHIQUE IMAGINÉ PAR HUGO PRATT, CORTO MALTESE, LORS DE SES PREMIÈRES AVENTURES, TRAÎNE SA CARAPACE DANS LES CARAÏBES, DANS LE PACIFIQUE, SE RETROUVE À PITCAIRN, PANAMA, MARACAIBO, DES LIEUX QUI SONNENT AUX OREILLES DES FLIBUSTIERS, DES PIRATES, DES MUTINS...

LES PIRATES AU CINÉMA

Dès les premières années du cinéma (muet et en noir et blanc), le thème de la piraterie inspire plusieurs réalisateurs. Les mythes, véhiculés par la littérature, servent de matière à de nombreux scénarios. Aventuriers des mers, gentlemen, héros au grand cœur, méchants pirates aux gueules d'épouvante peuplent les écrans…

À Hollywood

Dans les années 1930-1950, avec l'essor des studios d'Hollywood et le Technicolor, de nombreux films participent à donner au public une image des pirates parfois bien éloignée de la réalité. Dans les décors majestueux des Caraïbes, des pirates en costumes d'époque commandent des trois-mâts flamboyants, voguant à pleines voiles de scènes de batailles en scènes d'abordages… Quelques titres : *Capitaine Blood* en 1935, *L'Aigle des mers* en 1940, *Barbe Noire, La Flibustière des îles, Les Contrebandiers de Monfleet.* Parmi les acteurs qui s'illustrent dans ces rôles de pirates, évoquons tout particulièrement Douglas Fairbanks (1883-1939) et Errol Flynn (1909-1959). Ce dernier joue également le rôle de Robin des Bois, un autre hors-la-loi. De la forêt de Sherwood aux Caraïbes, il n'y a qu'un pas… Burt Lancaster s'illustre dans *Le Pirate rouge* en 1952 avec l'actrice Olivia de Havilland. *L'Île au trésor*, le célèbre roman de Stevenson, a été adapté au moins une dizaine de fois au cinéma et à la télévision depuis 1920 avec le premier film de Maurice Tourneur, un réalisateur américain. À la fin du XXe siècle, le cinéma américain reprend le thème : *Pirates* de Roman Polanski en 1986, puis *Hook* de Steven Spielberg en 1991, une nouvelle version de Peter Pan, le fameux capitaine Crochet étant interprété par Dustin Hoffman.

Pirates des Caraïbes

La trilogie *Pirates des Caraïbes*, avec Johnny Depp dans le rôle de Jack Sparrow, cartonne au box-office. Un pirate bien fantaisiste ! Certains y ont vu un clone de Keith Richards, le guitariste des Rolling Stones, un groupe de rock considéré comme rebelle dans les années soixante… Un quatrième film est annoncé pour bientôt…

Également à venir sur les écrans, une adaptation du *Secret de La Licorne*, un nouveau *Capitaine Blood*, un *Barbe Noire*, une adaptation d'*Isaac le pirate*…

Les navires capturés par les pirates pour mener ensuite leurs attaques étaient construits en Europe. Destinés au trafic transatlantique, les bateaux à deux ou trois mâts comportaient en général un équipage nombreux, parfois de 100 à 150 hommes, c'est dire s'il y régnait une certaine promiscuité.

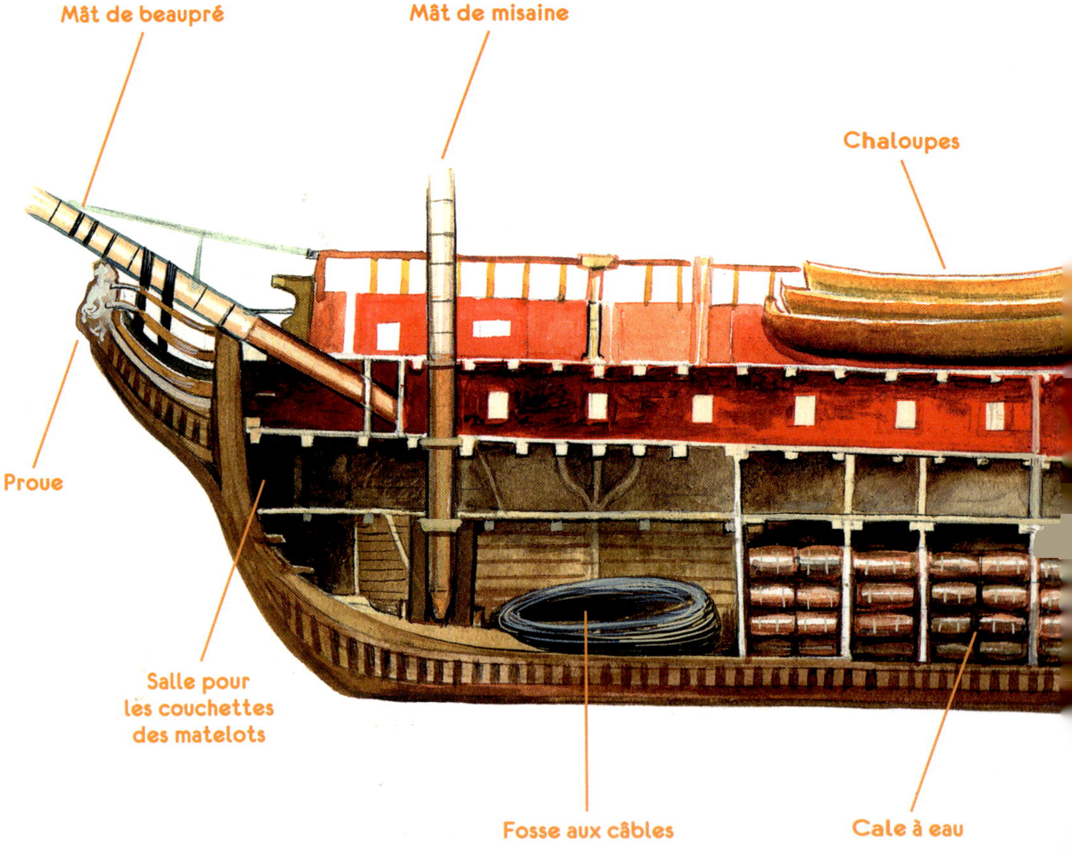

VUE EN COUPE D'UN NAVIRE

Ce dessin permet de montrer que la place réservée à l'équipage était, sur ces navires à voiles des XVIIe et XVIIIe siècles, des plus réduites. Les cales contenaient les réserves de vivres et d'eau potable. Le scorbut décimait bien plus les équipages que les attaques contre les ennemis. Même pour les pirates, plutôt amateurs de rhum, l'eau, à condition qu'elle reste buvable, était une des conditions de survie en mer.

L'ARSENAL DES PIRATES

Les armes utilisées par les pirates aux XVIIe et XVIIIe siècles ne différaient pas beaucoup de celles des navires de guerre des grandes puissances maritimes, pour la bonne et simple raison que les pirates se constituaient un arsenal en pillant les navires capturés. Ils devaient néanmoins se réapprovisionner régulièrement en poudre et boulets afin d'être en capacité de constituer une véritable menace face à des vaisseaux comportant des dizaines de canons.

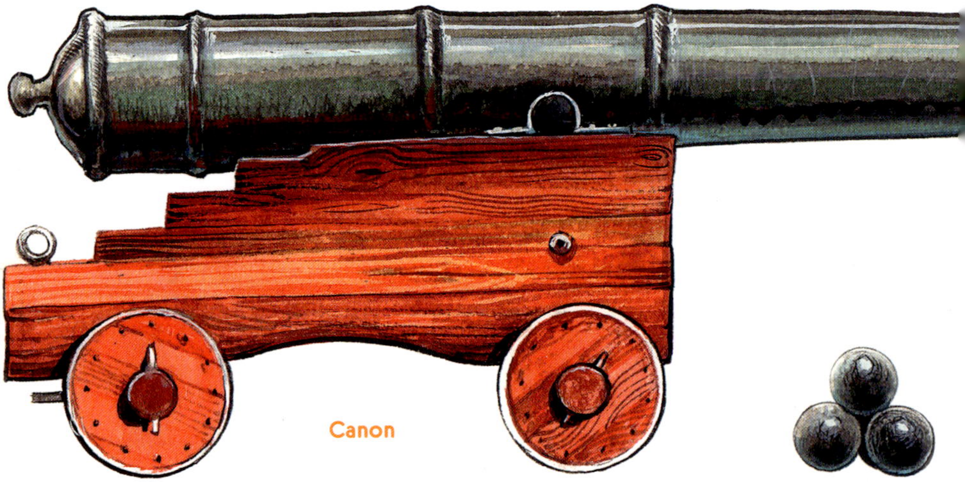

Canon

Mousquet

Crochet

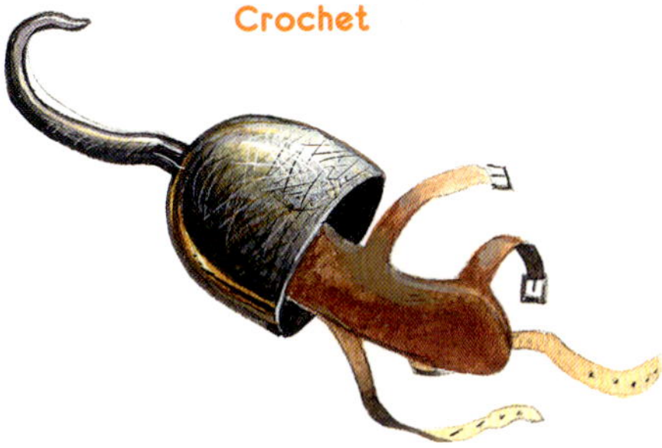

Pistolet à
un coup

Poignard

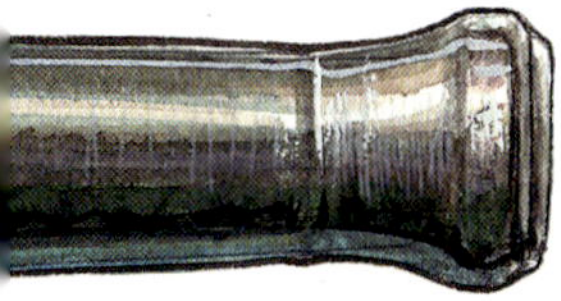

Longue-vue

Boulets

Hache

Sabre

Les attaques, les abordages, provoquent de nombreuses blessures, on a rarement un médecin sur un navire pirate, alors on fait avec les moyens du bord pour éviter la gangrène. La solution la plus radicale consiste à amputer avec une scie un bras ou une jambe, en désinfectant avec de l'alcool (à cette époque on ne connaît pas l'anesthésie).

Chapeau et redingote

Pavillon

Bandeau sur l'œil

ACCESSOIRES INDISPENSABLES

Dans la légende des pirates, l'accoutrement revêt de l'importance, il permet de se distinguer quand on aborde un ennemi. Marins balafrés, borgnes avec un bandeau noir sur l'œil, cheveux au vent, boucles d'oreilles, redingote et chapeau volés à un gentleman sur un navire capturé, rien de tel pour impressionner l'ennemi durant l'âge d'or de la piraterie... La vue du pavillon pirate, le Jolly Roger, suffit pour reconnaître ses amis et semer la terreur parmi l'équipage d'un paisible navire marchand croisant au large des côtes de l'Amérique.

Foulard

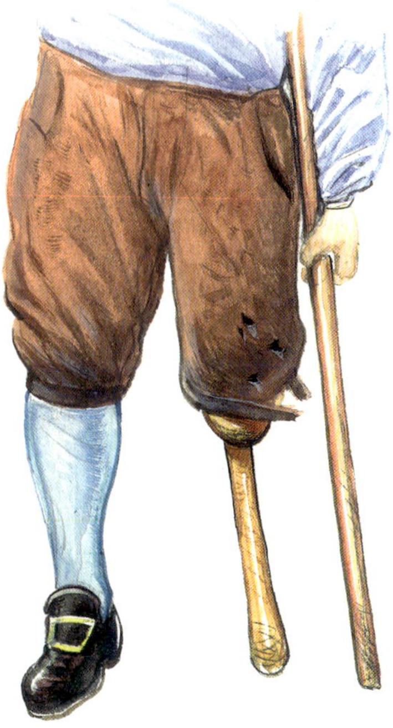

Jambe de bois

Perroquet

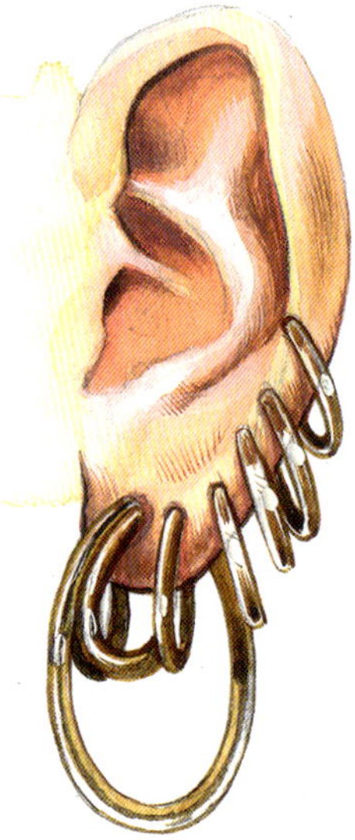

Boucles d'oreille

Dés

Bagues

Avant d'aller explorer la vie des pirates sur Internet, peut-être qu'une balade sur la route sinueuse qui longe la baie de Bristol vers le sud-ouest depuis Portishead vous aura permis de faire une halte à l'auberge de *L'Amiral Benbow*, là où ce vieux Bill Bones vint se reposer avec son coffre contenant la carte de l'île où le capitaine Flint, un des plus fameux pirates, avait caché son trésor... Un des descendants de Jim Hawkins vous y accueillera avec plaisir...

Dans la collection

Vivre la mer

2009

La pêche en mer

Les sous-marins

2010

Les Loisirs en mer

Les Porte-avions

La Piraterie

à paraître

L'Océanographie

La Médecine navale

Quelques bonnes adresses :

Le Musée de la Marine :
www.musee-marine.fr

Actualité maritime :
www.meretmarine.com

La Corderie Royale :
www.corderie-royale.com

La frégate *Hermione* :
www.hermione.com

Pirates & corsaires, Écumeurs des Sept Mers :
www.pirates-corsaires.com

Encyclopédie de la piraterie :
www.encyclopirates.com

La Marine nationale : www.defense.gouv.fr

Service hydrographique et océanographique de la Marine :
www.shom.fr

International Maritime Organization :
www.imo.org

European Union Naval Force Somalia :
www.eunavfor.eu